Hermann Ebert

Versuch einer Geschichte des Theaters in Rostock

I. Heft - Vom Anfang dramatischer Darstellungen bis ans Ende des 18. Jh.

Hermann Ebert

Versuch einer Geschichte des Theaters in Rostock
I. Heft - Vom Anfang dramatischer Darstellungen bis ans Ende des 18. Jh.

ISBN/EAN: 9783743612679

Hergestellt in Europa, USA, Kanada, Australien, Japan

Cover: Foto ©ninafisch / pixelio.de

Weitere Bücher finden Sie auf **www.hansebooks.com**

Versuch

einer

Geschichte des Theaters

in

Rostock.

Von

Hermann Ebert.

I. Heft.

Vom Anfange dramatischer Darstellungen bis an's
Ende des 18. Jahrhunderts.

Rostock, 1872.
Hinstorff'sche Buchdruckerei.

Vorwort.

~~~~~~~~

Der nachstehende „Versuch einer Geschichte
des Theaters in Rostock", hervorgerufen durch die
wesentlichen Veränderungen, welche die letzten
Jahre für unser Rostocker Theaterwesen gebracht
haben und die nächste Zukunft voraussichtlich und
zwar zum Heile desselben herbeiführen wird, wurde
in seinem ersten Theile, welchen das hier vorliegende Heft umfaßt, als feuilletonistischer Artikel
des „Rostocker Anzeigers" veröffentlicht. Das
allgemeinere Interesse, welches die Abhandlung
zur nicht geringen Freude des Autors anscheinend
erregte, sowie die von verschiedenen Seiten
freundlichst geäußerte Ansicht, die Arbeit habe
einen mehr als vorübergehenden Werth, veranlaßten einen Separatabdruck dieses kunst-
historischen Versuches, welchen der Verfasser dem
Publikum und der Kritik mit der freundlichen
Bitte zuführt, dem kleinen Werke wie bisher

Wohlwollen und Nachsicht zu gewähren, denn beider bedarf dasselbe in vollstem Maße.

Ueber die Quellen, aus welchen der Verfasser bei seiner Arbeit schöpfte, soll in der Einleitung des demnächst erscheinenden zweiten Heftes ausführlicher berichtet werden. Hier nur möge bemerkt sein, daß der Verfasser bei seiner Geschichts-Darstellung im Allgemeinen, aber, wie ein Vergleich auf das Deutlichste ergeben würde, mit größter Selbständigkeit dem einzigen bisher erschienenen Werke über das vaterländische Theaterwesen, dem mit größter Sachkenntniß und Sorgfalt geschriebenen „Versuche einer Geschichte des Theaters in Mecklenburg-Schwerin" von H. W. Bärensprung (Schwerin, 1837) gefolgt ist. Der Zweck der hier vorliegenden Specialgeschichte erforderte aber eine größere Berücksichtigung des Lokalen, als sie ihm Bärensprung angedeihen ließ und zu Theil werden lassen konnte; weiter erschienen dem Verfasser im Interesse der von ihm gewünschten und erstrebten Vollständigkeit und Abgeschlossenheit seiner Arbeit literarhistorische und biographische Bemerkungen über die Bühnendichter und hervorragenden Darsteller vergangener Zeiten, sowie endlich einzelne, wenn auch nur flüchtige Bemerkungen über den kunstgeschichtlichen Charakter der verschiedenen von ihm besprochenen

Zeitabschnitte geboten. Für alles dieses mußten andere Fundstätten aufgesucht und ausgebeutet werden, welche meistens schon in der Geschichts-darstellung selbst namhaft gemacht wurden, im zweiten Hefte aber, wie bereits bemerkt, über-sichtlich noch einmal aufgeführt werden sollen.

H. C.

I.

Vom Anfange dramatischer Vorstellungen bis zum Ende des 18. Jahrhunderts.

Wann man in Rostock **die ersten dramatischen Darstellungen** veranstaltete, ist festzustellen bisher nicht gelungen. Als erstes Lebenszeichen solcher theatralischen Vorstellungen dürfte ein altes bedrucktes Blatt bezeichnet werden, welches sich in der Zeitschrift „Etwas von gelehrten Rostock'schen Sachen für gute Freunde, Anderes Jahr, 1738" abgedruckt findet, und zu welchem die Herausgeber bemerken, daß es den zu ihrer Zeit gebräuchlichen Einladungen zu Schauspielen ähnlich sei. Der Inhalt desselben ist folgender: „Dorch Gunst, Vorloff, und Fulbort beyde geystliker und wertliker desser Stat Rostock Overicheit wert men hyr (wil God) up dessen tokommenden Sondach, also den Dach der Medelidinge Marie, to der ere Gades eyn schone innich unde mercklich spyl anrichten, van deme State der werld, unde

1

sösen olber ber minschen, be boch mebe in vorige sösen artifel bes libenbens Christi, up be VII Dagetybe wysenbe. Oeck VII ber yunkfrouwen Marien bröffnisse. unbe suft borch mennichfolbighe heylsame leere unbe fruchtbare unberwisinge ane yenige schimplite lichtferbicheyt van ber werlb to bem bensten Gabes getogen, unbe gantz bekeert werben. Myt anhengenben beslute schoner antögynge eyner figuren ber ewygen fröhlicheyt, allen beenren unb utherwelben Gabes gelovet. Weme sobans to seenbe belevet, mach sik an ben mibbelmarcet vögen, bar wert men halffwege twelven anhevenbe.

Alle to ber ere Gabes."

Am Enbe bes Zettels finbet sich noch bie Bemerfung: „So ferne sik bat Weber to klarheyt schickenbe wert."

Von einer Uebersetzung ber vorstehenben Schauspielankünbigung, welche um ihrer unklaren Satzconstruction willen erst burch allerlei philologische Conjecturen völlig verständlich zu machen wäre, sehen wir ab ober, richtiger gesagt, wir wagen uns nicht an dieselbe. Mögen Sachkunbige eine solche zu liefern versuchen. Wir begnügen uns mit ber Angabe bes Inhaltes: Am Tage ber Mitleidung Mariä, Mittags gegen 12 Uhr, soll mit Gunst, Erlaubniß unb Zustimmung („Fulbort") der geiftlichen und weltlichen Obrigkeit der Stadt Roftock auf dem „Mittelmarkte" („Neuen Markte") zur Ehre Gottes ein schönes, andächtiges („innich") und beachtenswerthes („mercklich") Schauspiel,- welches allen Dienern und Auserwählten Gottes gewidmet ift, veranftaltet werden, vorausgefetzt, daß es schönes Wetter wird. („So ferne fik dat Weder to klarheyt schickende wert.") Den Gegen- ftand diefes dramatifchen Spieles genau anzuge- ben, verhindert die schon erwähnte schwierige Satz. conftruction. Vermuthlich haben wir es hier mit einer allegorifchen Darftellung zu thun. Das Stück soll handeln von dem Zuftande („State") der Welt und den fieben Altern der Menschheit, welche zu den fieben Abfchnitten des Leidens Chrifti und den fieben Tageszeiten in Beziehung ftehen. Ferner wird von den fieben Trübniffen der Jungfrau Maria als zum Inhalte der inten- dirten Aufführung gehörig in der Ankündigung geredet. Zum Schluffe foll (etwa als Epiloges) eine schöne Figur der ewigen Fröhlichkeit auf- treten. Das Ganze ift eine erbauliche Dichtung, es enthält heilsame Lehren und fruchtbare Unter- weifungen und ift frei von jeglicher leichtfertigen Poffenhaftigkeit („schimplike lichtferdicheyt").

Wie in ganz Deutschland nahmen also auch in Roftock die dramatifchen Aufführungen mit der Dar-

4

stellung geistlicher Schauspiele ihren Anfang. Wann
aber fand die Aufführung dieses uns leider verloren
gegangenen geistlichen Spieles statt? Eine Jahres-
zahl ist auf dem betreffenden Zettel nicht angegeben. Die Herausgeber des „Rostock'schen Etwas" schließen jedoch aus der erst spät erfolgten
Gründung einer Buchdruckerei in Rostock, daß
diese Aufführung nicht lange v o r der Reformation
stattgefunden habe. (Zu diesem Schlusse berechtigt
auch die Sprache, in welcher die hier vorliegende
Ankündigung abgefaßt ist.) Ferner meinen dieselben, daß die Darsteller gedachten Schauspieles
Studenten gewesen sein müssen, weil es „fahrende
Comödianten" damals wohl noch nicht gegeben
habe und sich diese, ihre Existenz vorausgesetzt,
jedenfalls nicht mit solchen „andächtigen und allem
Ansehen nach n i c h t s e i n t r a g e n d e n Vorstellungen" aufgehalten hätten. Von den Studirenden aber wurden in früheren Zeiten sehr
häufig, namentlich zu Ehren fremder großer Her-
ren oder der Landesfürsten, welche Rostock besuchten,
Komödien in Scene gesetzt. Das Fest der Mitleidung
Mariä („Medelidinge Marie") wurde nach den
Ermittelungen, welche Bärensprung dem Herrn
Archivrath Lisch verdankt[1]), in Mecklenburg am

---

[1]) Bärensprung, Versuch einer Geschichte des
Theaters in Mecklenburg-Schwerin pag. 3. Anmerkung.

5. Freitage vor Palmarum gefeiert. Sehr auffällig ist es daher, daß in der vorerwähnten Theaterbekanntmachung ein Sonntag als Tag der Darstellung angegeben wird.

Die erste dramatische Aufführung in Rostock, von der wir etwas Bestimmteres wissen, hat im Jahre **1558** stattgefunden. In dem „Vastelauende" dieses Jahres wurde hier die Tragoedia Agamemnonis und die von der Susanna „agiret". Dieser Darstellung wird in einer Abrechnung, welche sich in unserem Stadtarchive befindet, gedacht, indem den „Gesellen", die die Stücke gespielt hatten, auf Anordnung des Rathes Bier verabfolgt worden war.

Als nach jahrelangen Streitigkeiten zwischen den beiden Herzögen Johann Albrecht I. und Ulrich von Mecklenburg einerseits und der Stadt Rostock andererseits endlich im Jahre **1573** ein Vertrag zu Stande gekommen war, wurde der Einzug der versöhnten Fürsten und die Wiederherstellung des Friedens in Rostock durch solenne Festlichkeiten begangen und u. a. auch ein Schauspiel „De divite et Lazaro in Luca" aufgeführt. Dem Könige von Dänemark zu Ehren wurde ferner im Jahre **1576** ein Schauspiel auf dem Hopfenmarkte veranstaltet.

1600 wurde in Rostock eine lateinische Ko-

mödie von einem M. Albertus Wichgrevius zu
Roftock: „Cornelius relegatus", in welcher 61
Perſonen mitwirkten, geſpielt. Das Stück iſt
ſpäter überſetzt worden und hat mehrfache Auf-
lagen erlebt. Gottſched in ſeinem „Nöthigen Vor-
rath zur Geſchichte der deutſchen dramatiſchen
Dichtkunſt" erwähnt deſſelben und hat ſelbſt ein
Exemplar der Ueberſetzung beſeſſen. Der voll-
ſtändige Titel der Ueberſetzung lautet: „Cornelius
relegatus, eine newe luſtige Comödia, welche gar
artig der falſchgenannten Studenten Leben be-
ſchreibet, Erſtlich in lateiniſcher Sprach beſchrieben
durch M. Albertum Wichgrevium. Hamburg. Jetzo
aber auf vieler anſuchen vnd begehr in teutſche
Sprach vberſetzet durch Johannem Sommerum
Cycnaeum Pfarrherrn zu Oſterwebbingen. Magdeburg."

Am 7., 11. und 12. Juni 1605 fand in der
St. Johanniskirche unter Leitung des M. Chri-
stianus Schlot eine Aufführung der Comoedia von
der Susanna ſtatt.

Die bisher erwähnten Schauſpielvorſtellungen
waren wohl ausſchließlich von Privatperſonen bei
feſtlichen Gelegenheiten veranſtaltet worden. Wandernde Komödianten von Beruf treffen wir zuerſt
im Anfange des Jahres 1606 in Roſtock an.

Die sogenannten **englischen Komödianten**[2]), welche im Anfange des 17. Jahrhunderts Deutschland durchzogen, haben auch unsere Stadt besucht, wie aus einer im Stadtarchive befindlichen Eingabe an E. E. Rath vom 31. März 1606 ersichtlich ist, in welcher diese Schauspieler, welche sich selber „Marggrefen von Brondenborgk Diener Engelsche Commedianten" nennen, um ein Zeugniß über ihre künstlerischen Leistungen, sowie über ihre sittliche Führung bitten. Ueber den Werth ihrer schauspielerischen Leistungen ist uns leider nichts berichtet. Die von denselben aufgeführten Stücke aber, welche in zwei 1620 resp. 1630 er-

---

[2]) Die Schauspielertruppe, welche man unter dem Namen der englischen Komödianten begriff, war aus den Niederlanden eingewandert. Ob sie wirklich aus Engländern oder jungen Teutschen vom Comptoir der Hansa in London bestand. oder ob vielleicht nur der Director derselben ein Engländer war, weiß man nicht. Tieck behauptet, daß zur Zeit der Blüthe der englischen Theater zuweilen Londoner Schauspielergesellschaften nach den Niederlanden gingen, um dort zu spielen, und daß wir etwa um das Jahr 1600 in Deutschland wandernde Schauspieler treffen, welche unter dem Namen der englischen Komödianten herumreisten, um unsern Landsleuten eine, wenn auch nur schwache, Vorstellung von der Höhe der englischen Poesie und der Vortrefflichkeit der englischen Schauspielkunst zu geben. Fest steht, daß die Leistungen dieser Gesellschaft überall den größten Beifall fanden.

schienenen Bänden gesammelt sind, sind durch-
gehends so werth- und geschmacklos, daß, wenn
die Schauspieler ebenso gespielt haben, wie ihre
Stücke geschrieben sind, wir uns gerade keine hohe
Vorstellung von ihrer Geschicklichkeit machen und
uns den unbestrittenen Erfolg ihres Unternehmens
einzig und allein aus der Neuheit der Sache er-
klären können. Die Titel einiger dieser Marionettenspiele mögen hier ihren Platz finden. Man
gab u. a. eine „Comöbia von dem verlornen
Sohn, in welcher die Verzweiffelung vnd Hoffnung
gar artig introducirt werden", eine „Comöbia von
Fortunato vnd seinem Seckel vnd Wünschhütlein,
darinnen erstlich drey verstorbene Seelen als Geister, darnach die Tugend vnd Schande eingeführet
werden", „Eine schöne lustige triumphirende (?)
Comöbia von eines Königes Sohne aus Engelland,
vnd des Königes Tochter aus Schottlandt", „Eine
schöne lustige Comöbia von Jemand vnd Niemand" ³), „Eine sehr klägliche Tragöbia von Tito
Andronico vnd der hoffertigen Kayserinn, darinnen
denckwürdige Actiones zu befinden" ⁴).

³) Tieck erklärt dies Stück für das interessanteste
und originellste, weil es alte englische Geschichte sehr
keck mit Allegorie vermische.
⁴) Es ist dies ein wirklich Ekel erregendes Stück.
Von den darin zu befindenden „denckwürdigen Actiones"

Die **dramatischen Aufführungen auf Universitäten und Schulen,** deren wir schon vorhin gedacht haben, waren im Laufe der Zeit, namentlich seit der Reformation, immer mehr Mode geworden und dauerten noch lange fort. So wissen wir, daß am 2. März **1618** die Rostocker Studirenden eine „Comödie" von Jacob, wie er zu seinem Sohne Joseph in Aegypten ge-

---

seien erwähnt: 1) der Kaiser jagt seine rechtmäßige Gemahlin fort und macht eine mohrische Buhlerin zur Kaiserin; 2) der Mann der Andronica wird im Walde gemeuchelt; 3) an der Andronica üben ebendaselbst zwei Söhne der Kaiserin ihre Verbrechen, beide Hände werden ihr abgehauen und ihr die Zunge aus dem Munde gerissen; 4) Andronicus wird gezwungen, sich mit dem Beil die rechte Hand abzuhauen; 5) die beiden Söhne des Andronicus werden hingerichtet und ihre Häupter dem Vater gebracht, der sich damit im Halbwahnsinn herumzerrt; 6) ein Bote wird gehenkt; 7) die Kaiserin wird Mutter einer schwarzen Ungestalt; 8) Morian (der Intrigant des Stückes) wird gehenkt; 9) Titus Andronicus schlachtet zwei Söhne des Kaisers wie Schweine ab; 10) Kaiser und Kaiserin essen die Häupter ihrer Söhne und loben den Wohlgeschmack; 11) Andronicus erdolcht seine Tochter und 12) die Kaiserin; 13) der Kaiser ersticht den Andronicus und endlich 14) Vespasian den Kaiser. — Dieses blutige Trauerspiel war ein Lieblingsstück des Londoner Publikums. Shakespeare bearbeitete es 1600 und gab ihm die Gestalt, in welcher wir es in seinen Werken finden.

zogen, in der St. Johanniskirche, und ferner am
12. Juni **1620** eine Komödie vom Hercule im
„Collegio" zur Aufführung gebracht haben. Bei
der erstgedachten Darstellung wurde jedoch, wie
die Chronik berichtet, die Johanniskirche dermaßen
zugerichtet, „daß nicht leicht mehr Comödien zu agiren
werden zugelassen und vergönnet werden." Trotzdem
ließ am 10. September **1642** der rector scholae M.
Jeremias Negrinus wiederum in der Johanniskirche durch Knaben eine „heidnische" (d. h. also
wohl einen heidnischen Stoff behandelnde oder
von einem heidnischen Dichter, dem Plautus oder
Terenz, verfaßte) Komödie agiren, welche den Magister Joachim Schröder, Prediger an der hiesigen
St. Georgskirche, veranlaßte, beim geistlichen Ministerium zu Lübeck anzufragen, wie er sich sol-
chem Gräuel gegenüber zu verhalten habe. Das
Ministerium erwiderte, daß man nicht alle Komödien schlechterdings verweisen könne, und ertheilte dem Magister Schröder den Rath, daß,
falls ihm durch solche Komödienaufführungen
„Aerger und Wehe" geschehe, „er solches verschmer-
zen möchte um unseres Heilandes willen, der uns
die liebe Sanftmuth und Geduld so hoch com-
mendiret." Schröder muß aber ein erklärter Feind
des Schauspiels gewesen sein, denn im Jahre
1651 ließ er in dieser Angelegenheit eine neue

Beschwerdeschrift vom Stapel. Er machte nämlich am 14. März des genannten Jahres dem
Herzoge Adolph Friederich die Anzeige, daß wiederum
die Aufführung von heidnischen Schulkomödien
in der Kirche unter Leitung eines jungen Dr.
Quistorpius in Aussicht stände, und bat dem jungen Doctor einen Verweis ertheilen zu lassen.
Diesmal hatte der Geistliche, der es wünschte
„ungehindert in diesen und andern göttlichen und
der Kirchen Erbauung angehenden Sachen sein
Amt verrichten zu können", besseren Erfolg, denn
bereits am 17. März ließ der Herzog dem Rector
und Concilium der Rostocker Universität ein Re-
script zugehen, in welchem die Aufführung von
heidnischen Komödien in der Kirche auf das Strengste
untersagt wurde.

Von reisenden Schauspielergesellschaften muß
um diese Zeit die des Directors Pandßen in Rostock gewesen sein, wenigstens erwähnt **Pandßen**
in einem aus Hamburg, den 31. März 1666, da-
tirten Schreiben, daß er unter andern großen,
vornehmen und weit berühmten Städten und
Universitäten auch Rostock besucht habe. Eine
genauere Angabe über die Zeit seines hiesigen
Aufenthaltes findet sich nicht in dem Briefe. Am
23. Juli **1697** richtete eine in Güstrow anwesende Schauspielergesellschaft, die „**nordischen**

Commoedianten", an die nach dem Tode des
Herzogs Gustav Adolph von Güstrow (1695)
eingesetzte Interimsregierung ein Gesuch, in welchem die Erlaubniß erbeten, in Güstrow einige
„Historien" agiren zu dürfen, und gleichzeitig bemerkt wurde, daß man von Güstrow nach Rostock zu gehen gedenke. Ob und wann dieser
letztere Plan ausgeführt, läßt sich jedoch nicht
festftellen [5]).

Bis zum Jahre **1702** fehlen uns überhaupt
bestimmtere Nachrichten über dramatische Vorstellungen in Rostock. Am 29. Juni 1702
fand aber während des Landesconvents vor den
anwesenden Herren Landräthen und Deputirten
eine theatralische Aufführung statt durch „hochfürstlich Mecklenburg-Schwerinsche Hofcomödianten", welchen wir hier zum ersten
Male in der mecklenburgischen Theatergeschichte
begegnen. Der Titel des gegebenen Stückes, für
dessen Darstellung den Künstlern eine Gratifica-
tion von 6 Thlr. durch die eingeladenen Con-
ventsmitglieder zu Theil wurde, lautete wörtlich:

---

[5]) Die „nordischen Commoedianten" waren nach dem
Ableben des Königs von Schweden von Stockholm
nach Lübeck gegangen, hatten dort zwei Monate gespielt, dann Schwerin und darauf Güstrow besucht.

„Das von

Ihro Königl. Majestät zu Schweden durch Hochdero Glorieuse Waffen glücklich entsetzte

Narva

nebst den herrlichen und fast unerhörten

Sieg

wider den

Zaaren in Moscau [6]

dediciret und repraesentiret

denen Hoch = Wohlgebornen Hochedlen und Vesten, Hochgeneigte, Hochzuehrende Herren

Landstände und Deputirte

des Hochfürstenthums Mecklenburg

denen Hoch- und Wohlgebohrnen, Gestrengen und Groß - Vesten, Unsern insbesondere respective Gnädigen, Hochgebietenden und

Hochgeneigten Herren

Hierauf folget

_____

[6] Am 30. November 1700 hatte bekanntlich Karl XII. von Schweden den Narva mit einer Armee von 45000 Mann belagernden Zaren Peter von Rußland mit einem nur 10000 Mann starken Heere besiegt und dadurch Narva entsetzt. Dieser glänzende Sieg wie die im Kampfe bewiesene persönliche Tapferkeit und Ritterlichkeit des 18jährigen Helden erwarben dem jugendlichen Schwedenkönige die Bewunderung von ganz Europa. Kein Wunder also, wenn wir ihn und seine Thaten frühzeitig auch schon dramatisch verherrlicht finden.

eine molierische nach Comoedia u. ein Ballet.
Der Schauplatz ist auf dem neuen Hause
und soll präcise um 4 Uhr der Anfang
gemacht werden". [7])

Diese Hofkomödianten haben darauf noch weitere Vorstellungen in Rostock veranstaltet, so am 4. Juli des Jahres 1702, welche Vorstellung zu Ehren des Magistrates und als ein Beweis der dankbaren Gesinnung der Künstler gegen diesen wegen der ertheilten Concession stattfand. [8]) Bis zum 14. Juli hat diese Schauspielergesellschaft hier bestimmt verweilt, denn unter diesem Datum richtete dieselbe eine noch im städtischen Archive vorhandene Eingabe an E. E. Rath, [9]) worin dieselbe dankt für die ihr gnädigst gewährte Erlaubniß, daß sie hier „diesen Markt über" ihre Komödien habe „repraesentiren" können. Gleichzeitig wird um eine Verlängerung der Concession auf 14 Tage gebeten, da die Gesellschaft ihre projectirte Reise nicht habe fortsetzen können und überdies die Hundstage ihren Anfang nähmen, während welcher die Studenten keine Collegien

---

[7]) S. Bärensprung a. a. O. pag. 31.

[8]) Eine vom 3. Juli 1702 datirte Einladung zu dieser Vorstellung an E. E. Rath befindet sich im Stadtarchiv.

[9]) Bärensprung a. a. O. pag. 33.

hätten, und es doch besser sei, daß diese letzteren
während ihrer Ferien in die Komödie als in
Bier- oder Weinhäuser gingen. Ob der Magistrat dieser Bitte gewillfahrt hat, ist leider nicht
bekannt.

Es vergehen nun ca. 18 Jahre, in welchen
Rostock anscheinend ohne Theater war. Erst im
**Anfange der Zwanzigerjahre des vorigen
Jahrhunderts** erschien hier der Schauspieldirector **Haßcarl,** dessen Gesellschaft nach den uns
gewordenen Ueberlieferungen zu den sogenannten
„Schmieren" gehörte. Die Haßcarl'sche Gesellschaft war um das Jahr 1720 entstanden und be-
reiste vorzugsweise die deutschen Bäder. Für
den geistigen Zustand dieser und anderer Schau-
spielertruppen damaliger Zeit ist es charakteristisch,
daß Haßcarl's erster Acteur, ein gewisser Marg-
graf, weder lesen noch schreiben konnte und sich
einmal in einer Rolle so verfing, daß 25mal der
Vorhang fallen mußte, bis er sich besann. Haßcarl selbst spielte am liebsten betrunkene Bauern. Die
von gemeinen Witzen strotzenden Hanswurstiaden
des vorigen Jahrhunderts bildeten die Hauptstücke
seiner Bühne. Die Garderobe war bei diesen
Künstlerbanden im desolatesten Zustande. Die
Frauen hatten in ihren Schuhen keine Strümpfe.
Und was die Moralität dieser Sorte von Künst-

lerinnen anlangt, so sagt ein Theaterchronist des
18. Jahrh., sie hätten keine Röthe der Schaam
auf ihren Wangen gehabt, als die ihnen der Ku-
gellack gegeben. Wann Haßcarl hier in Rostock
war, läßt sich nicht mit Genauigkeit angeben.
Sein hiesiger Aufenthalt fällt aber jedenfalls in
die Zeit von 1720—1724. Das Unternehmen
scheint übrigens hier wenig Erfolg gehabt zu
haben, denn entweder schon in Rostock, sonst aber
kurz nachher an einem andern Orte löste sich die
Truppe auf. Haßcarl selbst heirathete die Tochter
des hiesigen Ballhausbesitzers („Ballmeisters") [10],

[10] Ballhäuser, d. h. Gebäude, in denen Ball
gespielt wurde, entstanden im Mittelalter in fast allen
deutschen Universitätsstädten. Als später das Ball-
spiel immer mehr außer Mode kam, dienten die Ballhäuser auch als Tanzsäle, Theaterlokale u. s. w.
Das Rostocker Ballhaus befand sich am Johannisplatze, auf der Stelle des jetzigen Schauspielhauses. Später führte nach Aussage älterer
Rostocker auch das heute dem Herrn Wostratzky ge-
hörige Wohnhaus den Namen „Ballhaus"; vielleicht
war es ein zum Theaterbau nicht verwendeter Rest
des alten Ballhauses und der Name des geschwunde-
nen Ganzen ging auf den conservirten Theil über,
oder das Lokal führte diesen Namen, weil in ihm
Bälle, Tanzvergnügungen veranstaltet wurden. Ein
Ballhaus im Sinne des Mittelalters kann es schon
um seiner geringen Dimensionen willen nicht gewesen
sein.

in deſſen Lokal wahrſcheinlich die Vorſtellungen
ſtattgefunden hatten, und wurde hier in Roſtock
Rotarius.

1724 war hier ein Theaterdirector **Karl
Knauth** anweſend. Ihm wurde die Conceſſion
jedoch bald entzogen. Der Grund zu dieſer Maß-
regelung waren Streitigkeiten, welche in Folge des
Theaters zwiſchen den Officieren und den Studenten entſtanden waren. Durch dieſe Störung
ſeines Geſchäftes gerieth Knauth wahrſcheinlich in
Schulden, denn ſeine Sachen wurden mit Beſchlag
belegt. Am 26. Juli gedachten Jahres richtete
Knauth eine Bittſchrift an E. E. Rath, in welcher um Aufhebung des Verbotes und neue Con-
ceſſionsertheilung für einen Monat angehalten
wurde. In dieſer Supplik hieß es u. a.: „Er
ſei an den zwiſchen den Herren Officiers und
Herren Studioſis vorgegangenen Differentien ſo
unſchuldig als ein Kind im Mutterleibe, indem
ſolche ſich in der Privatſtube eines Studioſi an-
geſponnen. Alles das Seinige ſei gerichtlich ver-
arreſtirt; überdieß habe er ſeine Burſchen auf dem
Halſe, welche er täglich mit Koſt verſehen müſſe,
wodurch er ſich immer mehr in Schulden ſtecke.
Die hochpreißl. Kaiſerl. Commiſſion[11]) habe ſich

---

[11]) Die „hochpreißl. Kaiſerl. Commiſſion" anlan-
2

gnädig herausgelassen, wie sie mit seinem weiteren Agiren höchst zufrieden wäre. Nur zur Bezahlung seiner Crebitoren wünsche er noch ferner zu agiren u. s. w." Was der Rath darauf beschlossen hat, ist aus den Acten nicht zu entnehmen, da der worthabende Bürgermeister beauftragt wurde, dem Supplicanten mündlichen Bescheid zu ertheilen.

Im Mai des Jahres **1732** erhielten die **hochfürstlich Wolfenbüttel'schen Hofkomödianten** die Erlaubniß, während des Pfingstmarktes hier spielen zu dürfen.

Gottsched's berühmtes Trauerspiel **„Der sterbende Cato"**, bekanntlich ein Trauerspiel, welches von dem Leipziger Dictator der deutschen

---

gend, so mag daran erinnert sein, daß in Folge der vielen Beschwerden, welche über die Gewaltthätigkeiten des Herzogs Karl Leopold von Mecklenburg-Schwerin, namentlich von Seiten der Ritterschaft, bei dem Kaiser Karl VI. eingelaufen waren, dieser letztere sich veranlaßt sah, im Februar 1719 ein Executionsheer unter Führung des Kurfürsten von Hannover und des Herzogs von Braunschweig-Wolfenbüttel nach Mecklenburg zu schicken, welches den Bedrückungen ein Ende machen sollte, und alsdann zur Schlichtung der Streitigkeiten eine Commission, aus zwei Hannover'schen und zwei Braunschweig'schen Räthen bestehend, in Rostock einzusetzen. Diese Commission wurde wieder aufgelöst im Jahre 1728 und darauf Karl Leopolds Bruder Christian Ludwig zum Administrator von Mecklenburg ernannt.

Poesie selbst als ein dramatisches Musterwerk aufgestellt wurde, uns aber, wie auch schon den gesunderen Naturen des 18. Jahrhunderts, als ein seichtes und langweiliges Machwerk erscheint, ist, wie man durch eine Notiz in der Vorrede desselben anzunehmen veranlaßt wird, **von den Rostocker Studenten aufgeführt** worden. Wann diese Vorstellung stattfand, findet sich nicht bemerkt. Das Stück selbst ward vollendet 1730 und gedruckt erschien es 1732. Die gedachte Aufführung hieselbst wird also wohl im Jahre **1731** vor sich gegangen sein, um welche Zeit es auch anderswo zur Darstellung gelangte.

Der „Königl. Dänische privilegirte Comödiant" **Johann Friedr. Darmstaedter** gab Ende Februar **1735** im Ballhause zu Rostock Vorstellungen. Er scheint jedoch Anfangs nur auf 8 Tage Concession erhalten zu haben, denn am 28. Februar machte er eine Eingabe an E. E. Rath, in welcher er dafür dankt, daß er „eine Woche lang" habe agiren können und zugleich bittet, damit er seine Schulden tilgen könne und da die Ballmeisterin sonst ihr mit großen Kosten erbautes Theatrum wieder abbrechen wolle, ihm zu gestatten, noch von Ostern bis Johannis weiter zu spielen. Es wurde ihm dies auch erlaubt, jedoch mit dem Bemerken, „daß, wenn sich noch

2*

eine andere Bande zu gleicher Zeit einfände, dieselbe seinetwegen nicht werde abgewiesen werden."
Auch im October desselben Jahres müssen hier
dramatische Vorstellungen veranstaltet sein, denn
unter dem 13. October ging beim Rath eine
Klage ein (— Bärensprung vermuthet, daß dieselbe
vom russischen Consul vorgebracht sei —), „wie
über die Comödie von Danzig, wovon auch schon
das Project nichts tauge, viel übles Gesprächs
entstehe; sie sei Stanislauisch und verstoße wider
den Kaiser von Rußland. [12]) Ob E. E. Rath
in Folge dieser Beschwerde die Vorstellungen in-
hibirt hat, ist aus den im Stadtarchive befindlichen Acten nicht ersichtlich.

---

[12]) Diese Komödienaufführung fand also kurze Zeit
nach Beendigung des polnischen Erbfolgekrieges, wenige Tage nach erfolgtem Friedensschlusse statt. Die
beiden Prätendenten für den polnischen Königsthron
waren bekanntlich Stanislaus Lesczinsky und August
II. von Sachsen, von welchen der erstere durch seinen
Schwiegersohn Ludwig XV. von Frankreich, der letztere durch den deutschen Kaiser Karl VI. und durch
Rußland unterstützt wurde. Die Stadt Danzig steht
zu der Affaire in folgender Beziehung. Nach dem
Tode August II. von Polen hatte sich Stanislaus in
der Verkleidung eines Kaufmanns nach Warschau
begeben und wurde hier am 12. Sept. 1733 von der
Majorität der Wähler zum König erwählt. Wenige
Tage nach der Wahl erschien aber in der Nähe von
Warschau ein russisches Heer, welches Stanislaus

Mit dem Erscheinen des Directors **Schönemann** in Mecklenburg begann eine Blüthezeit
des mecklenburgischen und somit auch des Rostocker
Theaters, zumal der Herzog Christian Ludwig
wie überhaupt den schönen Künsten, so in's Be-
sondere der Schauspielkunst zugethan war.
Schönemann (geb. 1704 zu Crossen a. b. Oder)
war gleich der berühmten Directrice Karoline Neuberin, zu deren Gesellschaft er in seinen künstlerischen Lehrjahren gehört hatte, bemüht, die ge-
sunkene deutsche Bühne wieder zu heben, indem
er Repertoir und Darstellungsweise reinigte und
regelte.   Er war es, der 1743 die erste komische
Oper in Deutschland: „Der Teufel ist los",
sowie später auch das erste deutsche Schäferspiel:

---

veranlaßte, mit seinem Anhange nach Danzig zu
fliehen, um dort die ihm versprochene französische
Hülfe zu erwarten. Als hierauf von der Gegenpartei
August II. von Sachsen als König von Polen pro-
clamirt wurde, erklärte Frankreich den Krieg. Stanislaus konnte sich aber in Danzig nicht lange
halten, da ihm von Frankreich keine ausreichende
Unterstützung zuging, er sah sich genöthigt, im Juni
1734, als Ochsenhändler verkleidet, in's Preußische
zu flüchten, worauf Danzig capitulirte. Diese Vor-
gänge wird wohl die „Comödie von Danzig" zum
Vorwurf gehabt haben.   Das Stück selbst ist uns
nicht aufbewahrt, es scheint jedoch in demselben für
Stanislaus, also gegen Rußland und gegen Kaiser
und Reich Partei ergriffen zu sein.

„Die gelernte Liebe" von Johann Christoph Rost (1717—1765) zur Aufführung brachte. Auch soll die Einführung des Ballets in Deutschland sein Verdienst sein. Schönemanns Gesellschaft, welcher der große Eckhoff 17½ Jahre angehörte, suchte nicht allein durch die Mittel der Bühne Beifall zu erwerben, sie war auch bestrebt, sich wissenschaftlich auszubilden und zu vervollkommnen. Den Beweis dafür liefert die von Eckhoff gestiftete und am 5. Mai 1753 in Schwerin eröffnete Akademie, welche sich in ihren, alle 14 Tage stattfindenden Sitzungen mit der Schauspielkunst wissenschaftlich beschäftigte. — Schönemann besuchte, von Christian Ludwig, damals noch Kaiserl. Administrator Mecklenburgs, aufgefordert, unser Land zum ersten Male im Jahre 1740 und gab in Schwerin mehrere Vorstellungen. Wegen des am 20. October dieses Jahres erfolgten Ablebens des Kaisers Karl VI. mußte Schönemann jedoch bald wieder seine Bühne schließen.

Vom Ende des Jahres 1740 bis in den Anfang von 1750 gab er darauf in verschiedenen größeren deutschen Städten, u.a. in Hamburg, Berlin, Breslau und Leipzig, mit dem größten Beifalle aufgenommene Vorstellungen. In den ersten Monaten des Jahres **1750** besuchte er nach einander die Städte Leipzig, Braunschweig, Magdeburg, Leipzig und endlich auch Rostock. Ueber seinen hiesigen Aufenthalt fehlen jedoch alle weiteren Nachrichten. Im October 1750 wurde er darauf auf's Neue nach Schwerin berufen und eröffnete seine Bühne daselbst am 7. October. Herzog Christian Ludwig ließ noch in demselben Jahre im Palais zu Rostock ein kleines Theater herrichten, welches durch Schönemann am 11. Mai **1751** mit der Aufführung des Lustspiels „Der Geheimnißvolle" von Johann Elias Schlegel (1718—1749) und des schon erwähnten Rost'schen Schäferspieles „Die gelernte Liebe" eingeweiht wurde. Weitere Aufführungen fanden statt am 15. Mai zur Feier des Herzoglichen Geburtstages, bei welcher Gelegenheit das Vorspiel „Die zärtlichen Freunde Orestes und Pylades" mit dem Nachspiel „Der Menschenfreund" gegeben wurde, und am 1. Juli, an welchem Tage zur Feier des Geburtstages der Prinzessin Ulrike „Der Unbesonnene" von Molière und das Nachspiel „Die Grazien" zur Aufführung gelangte. Anfangs August 1751 wurde die Schönemann'sche Gesellschaft vom Herzoge als „Hofcomödianten" mit einem „anständigen Gehalt" in Dienst genommen. [13])

---

[13]) Der vom Herzoge gewährte jährliche Zuschuß variirte von 2000 bis 4000 Thalern.

Als Hoftheaterdirector folgte Schönemann Ende Mai's **1752** dem Hofe nach Rostock, wo die Hofkomödien am 29. Mai begannen und u. a. zur Geburtsfeier der Prinzessin Ulrike am 1. Juli ein „schönes Vor- und Nachspiel" in Scene ging.

Auch im Anfange des Jahres **1753** begleitete Schönemann den Herzog nach Rostock und gab dort, am 15. Januar beginnend, bis zur Weihnachtszeit an jedem Montag, Mittwoch und Donnerstag Vorstellungen. Festaufführungen fanden am 3. Februar, dem Geburtstage der Erbprinzessin Louise Friederike, und am 8. März, dem Geburtsfeste der Prinzessin Amalia, statt. Ferner wurde in demselben Jahre am 4. Juli zur Nachfeier des Geburtstages der Prinzessin Ulrike eine Festvorstellung veranstaltet, bestehend aus einem Prolog, dem Schauspiele „Genie" und dem Nachspiele „Crispin als Lehrmeister" von Eckhoff.

Im Jahre **1754** ging am Gedächtnißtage der Stiftung des Kaiserl. Russischen St. Andreas-Ordens[14]), den 30. November, in Rostock das

---

[14]) Jedenfalls war Christian Ludwig, der durch die Verheirathung seines Bruders Karl Leopold und der Großfürstin Katharina Iwanowna mit dem russischen Regentenhause verwandt war, Ritter des 1698 von Peter d. G. gestifteten Andreasordens, des

Vorspiel „Das Recht zur Fröhlichkeit", das Schauspiel „Der Graf von Neuilli" von dem französischen Lustspieldichter Louis de Boissy (1694—1758) und die Pantomime „Der betrogene Müller" in Scene, und **1755** wurden die Geburtsfeste der Erbprinzessin und der Prinzessin Amalia ebenfalls in Rostock durch dramatische Vorstellungen verherrlicht. Bei der ersteren Geburtstagsfeier wurde ein „Impromptü statt eines Vorspiels" nebst einem von dem Hoftänzer erfundenen Ballet, das Lustspiel „Die Hofmeisterin" von Pierre Claude Rivelle de la Chaussee (1692 —1754), und eine Pantomime „Die verkleideten Schäfer", bei der letzteren ein Vorspiel „Einsicht und Geschmack", ein Ballet, eine Komödie „Der unbesonnene Kluge", eine vom Herzogl. Balletmeister Girard neu erfundene Pantomime „Le Pommier" und das Lustspiel „Julchen oder: Die glückliche Probe" von St. Foix gegeben.

Mit dem Tode des Herzogs Christian Ludwig, dieses auch in Deutschlands Theatergeschichte unsterblichen Fürsten, am 30. Mai 1756, erreichte auch Schönemanns Hoftheaterdirection ihre Endschaft, und Schönemann ging nach Hamburg, wo

höchsten, nur an Glieder des kaiserl. Hauses, Fürsten und hohe Militairs verliehen werdenden russischen Ordenszeichens.

er sich jedoch bald durch den, vornehmlich in Folge seiner Pferdeliebhaberei [15]), zerrütteten Zustand seiner Finanzen zur Aufgabe des Unternehmens gezwungen sah. Die meisten Mitglieder vereinigten sich mit der Koch'schen Gesellschaft. Schönemann selbst wurde durch Vermittelung seines Schwiegersohnes, des auch als Dichter bekannten Secretärs des Prinzen Ludwig von Mecklenburg-Schwerin, J. F. Löwen, Rüstmeister des Prinzen, in welcher Stellung er bis an sein Lebensende (16. März 1782) verblieb, sich nebenbei aber auch noch mit dem Vertriebe von Büchern, dem Abhalten von Bücherauctionen und dgl. beschäftigte.

Schönemann verbrachte die letzten Lebensjahre unter Mangel und Sorgen, zu denen sich noch häusliche Zwistigkeiten [16]) gesellten. Die besten

---

[15]) Schönemann selbst wie auch sein als Schauspieler unbedeutender Sohn waren leidenschaftliche Pferdeliebhaber. Beide trieben sich des Pferdehandels wegen oft Tagelang auf der Landstraße umher. Die durch diese Passion veranlaßte Geldverschwendung und Vernachlässigung der Directionsgeschäfte führten Schönemanns Ruin herbei.

[16]) Schönemann hatte sich in Schwerin 1771 zum zweiten Male verheirathet. Es müssen jedoch zwischen dem Ehepaare derartige, durch die Frau herbeigeführte Scandalscenen vorgefallen sein, daß die letztere auf Befehl der Herzogl. Justiz-Kanzlei in Schwerin im April 1780 „als eine dem Gesöff auf eine incorrigible

der von seiner Gesellschaft aufgeführten Stücke hat Schönemann selbst herausgegeben. Der letzte Band dieser Sammlung erschien 1757 in Rostock. Der erwähnte Secretär Löwen ward von der bekannten Hamburger Theaterunternehmung, durch welche Lessing's Dramaturgie veranlaßt wurde, zur Aufsicht über die Wahl der Stücke und zur Bildung der Schauspieler 1767 nach Hamburg berufen. Als 1769 dieses Unternehmen zu Ende ging, begab sich Löwen mit seiner Frau, die in Hamburg auf's Neue mit dem größten Erfolge die Bühne betreten hatte, nach Rostock, wo er eine schlechtere Stelle als seine frühere in Schwerin erhielt und woselbst er am 23. Decbr. 1771 verstarb. Seine Frau folgte ihm am 6. September 1783.

So endete Schönemann's hervorragendes Theaterunternehmen. Mecklenburg hatte in der Mitte des 18. Jahrhunderts eine Schaubühne besessen, wie vorher Deutschland noch keine gehabt hatte, und durch die Unterstützung des Schönemann'schen Unternehmens hat sich unser engeres Vaterland

---

Art ergebene, und in der Besoffenheit und daraus entstehenden Verrückung der Sinne, dem Leben und der Gesundheit ihres alten kümmerlichen Mannes gefährlich werdende Person" in's Dömitzer Zuchthaus befördert wurde, aus dem sie jedoch im August auf Schönemanns Bitte wieder entlassen wurde.

um die Bildung des deutschen Geschmackes ein nicht hoch genug anzuschlagendes Verdienst erworben. [17])

Neben Schönemann spielte in der Zeit von 1740—1756 in Rostock nur noch der schon von früher bekannte Director **Joh. Friedr. Darmstaedter.** Er war **1742** während des Pfingstmarktes in Rostock anwesend. Die Geschäfte gingen jedoch nur schlecht, da ein auf dem Markte ausstehender Quacksalber durch seine meistens gerade um die Theaterzeit veranstalteten komödienartigen Aufstellungen das ganze Interesse des Rostocker Publikums in Anspruch nahm. Darmstaedter erhob wegen dieser von dem Arzte „wider seine Function aufgeführten Comödien und durch einander gemengten unordentlichen Poppereien" Beschwerde bei E. E. Rath, worauf denn der Operateur die Weisung erhielt, daß er nur Morgens und Nachmittags bis 6 Uhr „sein Verfahren treiben solle".

Die erste Gesellschaft, welche nach dem Untergange der Schönemann'schen Bühne Rostock besuchte, scheint diejenige des **Johann Martin Leppert** gewesen zu sein. Leppert war in Pyrmont mit dem Commandanten von Rostock, dem

---

[17]) Vgl. Bärensprung pag. 42—70.

Herrn Oberst von Glüer, bekannt geworden und von diesem animirt, nach Rostock zu kommen. Er erbat denn auch unter dem 12. August 1764 von E. E. Rath die Erlaubniß, hier mit seiner „regelmäßigen und bestgeordneten Gesellschaft deutscher Schauspieler" agiren zu dürfen. Wann er von der ihm ertheilten Conception Gebrauch gemacht hat, läßt sich leider nicht bestimmen. Zu seiner „berühmten" Gesellschaft gehörte auch die von dem Gothaischen Dichter Friedr. Wilh. Gotter (1746—1797) ihres eminenten Talentes wie ihres edlen Charakters wegen in einer Epistel besungene Demoiselle Johanna Katharine Juliäne Lucius, welche sich später mit einem Herrn Räder (oder Röder) aus Wismar vermählte.

Im Mai des Jahres **1768** wurde dem Director **Francois Lambert Billy** die Erlaubniß ertheilt, mit seiner aus sieben Personen bestehenden Gesellschaft Opern und Pantomimes en ballet aufführen zu dürfen. Vorher hatte Billy in Wismar „agirt".

Im November desselben Jahres war eine **italiänische Operngesellschaft** in Rostock anwesend, die zuerst im Ballhause Opernvorstellungen, dann aber in der ersten Adventswoche geistliche Concerte gab.

Im Februar **1769** beehrten die Herren **Porsch und Heinrici,** „Directeurs von der Bande studirter Comödianten und Mitglieder der teutschen Gesellschaft zu Jena", Rostock mit ihrer Gegenwart.

. In den Jahren **1772** und **1773** spielte in Rostock und Güstrow die Gesellschaft des Directors **Paulo Barzanti.** Fest steht, daß Barzanti in der Pfingstmarktszeit des Jahres 1773 in Rostock anwesend war. Er scheint jedoch sehr schlechte Geschäfte gemacht zu haben, denn bei seiner Abreise von hier mußte er so viele Schulden hinterlassen, daß sich E. E. Rath, stets auf die Wohlfahrt der Bürger bedacht, bewogen fühlte, Barzanti zu gestatten, im November oder kurz nach Weihnachten nach Rostock zurückzukehren. Bis zu seiner Rückkehr nach hier sollte keiner andern Gesellschaft Concession ertheilt werden. Barzanti ging von Rostock nach Wismar und darauf nach Schwerin. In letzterer Stadt durfte er jedoch nur wenige Vorstellungen geben, da seit dem Regierungsantritte des Herzogs Friedrich, welcher im stricten Gegensatze zu seinem Vater Christian Ludwig den schönen Künsten, sofern nämlich dieselben nicht religiösen Zwecken dienten, abhold war, in Schwerin alle Schauspielaufführungen verpönt waren.

Im Anfange des Jahres 1774 treffen wir
Barzanti noch in Güstrow. Nach Rostock kam
er nicht wieder. Ob er seine hiesigen Gläubiger
befriedigt hat, wissen wir nicht. Barzanti starb
1779 zu Reval „mit dem Ruhm eines guten
Schauspielers im komischen Fache und eines
rechtschaffenen Mannes".[18]) Aus dem Repertoir seiner Bühne erwähnen wir: „Minna
von Barnhelm", „Emilia Galotti", „Der junge
Gelehrte", „Der Lügner" von dem überaus pro-
ductiven italiänischen Lustspieldichter Goldoni
(1707—1793), „Die schlaue Wittwe oder: Die
4 Nationen" von Goldoni, „Medon oder: Die
Rache des Weisen" von Clodius[19]), „Der ge-
fürstete Schuster", Lustspiel von Holberg, „Romeo
und Julie", Trauerspiel, „Der Kaufmann von
London" von Lillo[20]), „Die Apotheke", komische
Operette, „Der Hausknecht oder: Der lächerliche
Zweikampf",· „Die Gouvernante", kom. Operette.

---

[18]) Bärensprung pag. 77.

[19]) Vermuthlich der von 1738—1784 lebende Christian August Clodius, Professor der Philosophie und
der Dichtkunst zu Leipzig, welcher sich auch als
Dichter versuchte.

[20]) George Lillo, ein von 1693—1739 lebender Londoner Juwelier, schrieb eine ganze Reihe von Trauer-
spielen, von denen die meisten auch in Deutschland
gegeben wurden.

Durch die Barzanti'ſche Geſellſchaft wurde wahrſcheinlich auch die komiſche Operette „Die Jagd"
von Johann Adam Hiller (1728—1804), Text
von Felix Weiſſe, zum erſten Male in Roſtock
zur Aufführung gebracht. (In Güſtrow wurde
dieſelbe wenigſtens im Jahre 1773 zweimal gegeben.) Hiller's „Jagd" hielt ſich noch bis in die
Anfänge unſeres Jahrhunderts auf dem Repertoir
der deutſchen Bühne, ſie war zu einer Volksoper
im wahrſten Sinne des Wortes geworden. Die
leichten, gefälligen Weiſen derſelben wurden zu
Volksmelodien, und gewiß hat noch mancher ältere
Roſtocker die nachſtehende Romanze ſingen hören,
welche Erlach mit Recht in ſeine Sammlung
deutſcher Volkslieder aufgenommen hat [21]):

„Als 'ich auf meiner Bleiche
Ein Stückchen Garn begoß:
Da kam aus dem Geſträuche
Ein Mädchen athemlos:
Das ſprach: ach, ach! Erbarmen!
Steht meinem Vater bei!
Dort ſchlug ein Fall dem Armen
Das linke Bein entzwei.

---

[21]) Erlach, Die Volkslieder der Deutſchen. 1836.
Bd. V. pag. 531.

Mitleidig ach! verweilte
Ich keinen Augenblick.
Ich lief ihr zu: da eilte
Sie in's Gebüsch zurück;
Kaum war ich d'rin, so kamen
Zwei Reiter mit dem Schwerdt,
Ergriffen mich und nahmen
Mich mit Gewalt auf's Pferd.

So sehr ich schrie und weinte,
So ließ man mich nicht los,
Und bracht', eh' ich's vermeinte,
Mich auf des Grafen Schloß;
Von da ward ich bald weiter,
— Es war schon finst're Nacht —
Begleitet durch die Reiter,
Ach! nach der Stadt gebracht!

Hier war der Graf! Mein Schreien
Half nichts: durch jede Kunst,
Durch Droh'n und Schmeicheleien
Warb er um meine Gunst.
Doch ward mein Haß nur größer,
Und nun sperrt er mich ein,
Und dies gefiel mir besser,
Als seine Schmeichelei'n.

Mein Fenster ging in Garten.
Heut' stand ich Morgens früh,

Die Sonne zu erwarten,
Voll Kummer da und sieh!
Das Pförtchen an der Mauer
Stand auf: da fiel mir ein,
Obgleich mit manchem Schauer,
So gleich mich zu befrei'n.

Gedacht und auch geschehen!
Das Fenster war nicht hoch,
Und, sicherer zu gehen,
Nahm ich mein Bettchen noch:
Das warf ich schnell hinunter,
Ich sprang und sprang nicht tief,
Worauf ich dann ganz munter
Auf und von dannen lief."

Im November **1775** hielt in der Gesellschaft
des Directors **Peter Florenz Jlgener** eine
Schmiere von der besten Sorte in Rostock ihren
Einzug. Jlgener hatte von Neubrandenburg aus
den hiesigen Magistrat um die Concession für
den Winter 1775/76 gebeten. In der betreffenden
Eingabe bemerkte er, daß er schon über 20 Jahre
Director und privilegirter Hofschauspieler von
Chur-Cölln, Anspach, Würtemberg, Würzburg
und Hildburghausen sei und daß er seine „von
allen Schmutz, Hannswurst und pourlesquen un-
fläterenyen gereinigten Schau-, Lust- und Trauer-

spillen als comischen opern mit aller Aufnahme
der Herrschaften und des ganz feinen und kennt-
nißreichen Bublicums" überall gegeben habe [22]).
Die Erlaubniß wurde ihm denn auch ertheilt.

Ilgener, der nebenbei auch Dichter war (— wir
geben weiter unten eine Probe seines Talentes —),
spielte, obschon ein jämmerlicher Schauspieler,
alle ersten Rollen. Ueber die Methode, durch
welche er sich dem Publikum als Darsteller un-
entbehrlich zu machen wußte, äußerte er sich selbst
in einem Briefe an einen Collegen mit wirklich
kindlicher Naivetät. Es heißt dort:

„Lieber Freund!

— — Sie klagen, daß Ihnen das Publicum
den Beifall versagt, ich bedaure Sie nicht im
geringsten, denn Sie sind selbst Schuld, weil Sie
alle ihre guten Leute zuerst auftreten lassen.
Versuchen Sie es einmal und machen es so wie
ich, so werden Sie wenigstens im Anfange das
Publicum täuschen, zumal, wenn Sie, wie ich,
das Glück haben, Oerter zu finden, wo wenig
oder gar keine Kenner sind. Ich lasse alle meine
guten Acteurs nicht eher in Hauptrollen auftreten, bis ich das Publicum so an mich gewöhnt
habe, daß es schlechthin in einem Stücke, wo ich

---

[22]) Das Schriftstück befindet sich noch im hiesigen
Stadtarchiv.

nicht mitspiele, mich vermissen muß. Der erste
Eindruck findet das Publicum am willigsten, besonders die Nichtkenner. — — Zwar schicken sich
viele Rollen nicht für mein Alter, aber das muß
man dem Publicum nicht weiß machen. — —
Hat nun das Publicum verschiedene Rollen gesehen, so wird es gewiß gern die andern vergessen. — — Ja, ich habe oft das Vergnügen
gehabt zu sehen, daß man die anderen aufmun-
terte mir nachzuarbeiten. Auch hieß es an
manchem Orte, ich sei in allen Fächern gleich
stark ꝛc."

Von Ilgener's dichterischen Producten möge
hier eine poetische Anrede an das Rostocker Publikum ihren Platz finden. Sie lautet:

„Hochwohlgeborne, geneigte, große Seelen!
Des edlen Rostocks schönste Zierd' — —
Was für ein Bild soll ich erwählen,
Das Euer Bild im Abriß führt?
Ich will und muß — doch beim Erwählen
Kann mir vielleicht der Ausdruck fehlen,
Der Eures Lobes Größe zeigt.
Kühn durch die Dankbegierd' und Ehre,
Da sich zum drittenmal heut Ilg'ner vor Euch
beugt,
Erhebt er Euch zu jener Sphäre,
Die an das Paradies sich gränzt,

Wo Euer Ruhm am schönsten glänzt.
Wo soll ich Grund zum Lob erfinden,
Das Eurer Tugend ähnlich sei?
Nur ähnlich — denn es zu ergründen
Bin ich vor Euch zu blöde, schwach und scheu.
Allein die Ehrfurcht spricht und denket,
Die mich zu Eurer Großmuth lenket.
Durch Euch Ihr Damen wird belehret,
Ob Euch mein heutig Spiel gerührt,
Wenn Eure Gunst mich ferner ehret,
So bin ich davon überführt,
Daß einst mein Fleiß, daß unsre Mühe
Aus Eurem Beifall Nutzen ziehe.
Verehrungswerthe Schauerzahl — —
Was soll ich Dir zum Opfer weihen?
Du schenkst mir Deine Huld zum drittenmal —
Dies heiß Dich künftig mit mir freuen.
Dein Zuspruch lehrt, daß unser Spiel
Bisher Dir unverdient gefiel.
Gepriesner Adel laß mich hoffen,
Daß Dir mein Fleiß einst würdig dünkt,
Und laß mir Herz und Ohren offen,
Wenn Dir die trag'sche Muse winkt!
Ich werde keine Mühe scheuen,
Und eifern, Dich stets zu erfreuen.
Ihr, die die Tapferkeit und Muth
Mit Waffen umzugehen lehret,

Zeigt, daß da noch der Kriegsgott ruht,
Nur Geist die schönen Künste ehret.
Es fühlet Kunst und Wissenschaft
Durch Euren Beifall neue Kraft.
Und ihr gelehrte, große Männer!
Des Staates Stützen — — Euer Blick
Zeigt, daß Ihr bloß des Schauspiels Kenner
Stürzt mich auf's Alterthum zurück.
Selbst Rom, die Vaterstadt der Weisen,
Kann, wär' es noch, Euch nie recht preisen.
Wenn mich Eu'r Beifall klatschend ehrt,
So hat es mir zwar oft geschienen,
Ich sei der Gnade kaum halb werth,
Doch bin ich stolz, sie zu verdienen.
Bewegen, rühren, wenn man spricht,
Ist meines Standes erste Pflicht;
Und welch ein Lob zu Deiner Ehr',
Verehrungswerthe Kaufmannschaft — —
Das Lob spricht, Du gebrauchst nichts mehr,
Dein Beistand giebt der Bühne Kraft,
Du weißt der Welt Dich nützlich zu bezeigen,
Drum muß ein kühnes Lob vor Deiner Tugend
                           schweigen.
Nun, Gönner, Euch empfehl' ich mich!
Entzieht mir ja nicht Eure Huld.
Verbleibt mein Schutz, das bitte ich,
Und mit den Fehlern habt Geduld! — —

Ich weiß, Ihr wißt ein jedes Stück zu schätzen —
Ich hoff', ein Lustspiel soll Euch morgen recht
ergötzen,
„Die Nebenbuhler" wird's genannt,
Voll Geist, voll Witz und voll Intriguen — —
Es wird des Kenners Herz vergnügen.
Auch zum Beschluß wird ein Ballet gemacht,
Ihr Gönner bleibt mir hold, ich wünsche gute
Nacht!"
Das Publikum beklatschte diesen Unsinn.
Triumphirend kam Ilgener in die Garderobe.
Er wollte sogar bemerkt haben, daß viele Zu-
schauer geweint hätten. „Vielleicht aus Mitleid",
entgegnete ein boshafter College.

Zur Charakteristik des Directors wie seines
ganzen Unternehmens mögen auch folgende Titel,
welche Ilgener den aufzuführenden Stücken
gab, und die nachstehenden, auf den Theaterzetteln
befindlichen Anmerkungen dienen. Hiller's
„Jagd" wurde unter dem Titel: „Die Jagd oder:
Der König im Walde" als „eine Oper mit einem
Donnerwetter" gegeben. Lessing's „Minna von
Barnhelm" mußte sich den zweiten Titel: „Der
Major mit dem steifen Arme", seine „Miß Sara
Sampson" den: „Die rachgierige Marwoud" ge-
fallen lassen. Ferner wurde gegeben „Romeo u.
Julie oder: Der unvermuthete Ausgang auf dem

Kirchhofe", „Tancrede und Amenaide oder: Die
siegende Ritterschaft von Syracusa. Ein zur
Ehre einer hohen Noblesse und andern hohen
Gönnern, aus dem Französ. des Hrn. v. Voltäre
von einem gelehrten und berühmten Schauspieler
von des * * * Gesellschaft, Mons. Porsch), über-
setzt, ausnehmend opernmäßiges Schauspiel in
5 Aufzügen, mit Pauken und Trompeten begleitet." Auf dem Zettel zu Molières bekanntem
Lustspiele „L'Avare", welches Ilgener unter dem
Titel: „Der Geizige oder: Harpagon der alte
Schabhals" gab, wurde u. a. bemerkt: „Das
Vorurtheil wider die Comödien wird ganz unter
die Füße getreten, wenn man heute des Direc-.
teurs Eifer und Arbeit in der Rolle des Geizigen
sehen wird." Zu einem Stücke, welches den
Titel: „Herr von Hasenkopf der Furchtsame oder:
Viel Narren in einem Stück" führte, wurde bemerkt: „Das critische Auge wird vielleicht über
unsern heutigen Tittel sich in etwas verzerren(!)
und dabei ausrufen(!): welch wunderlicher
Tittel! Da man aber anfängt, mehr Geschmack
an komischen als tragischen Scenen zu sammeln,
so wollen wir also hauptsächlich benachrichtigen,
wer sich recht satt lachen will, der kann sich heute
den Bauch so erschüttern, daß ihm gewiß die
Abendmahlzeit noch einmal so gut schmecken wird."

Der Zettel zu dem bereits von Barzanli in Rostock gegebenen Lustspiele von Carlo Goldoni:
„Die schlaue Wittwe", dessen zweiten Titel: „Die
4 Nationen" Ilgener in „Die 4 Nationen zu
Liebhabern, als Spanier, Engländer, Italiener
und Franzosen" veränderte, trug folgende
interessante Bemerkung: „Nun so wollen wir
doch auch heute einmal recht lachen. Die schlaue
Wittwe kann heute allen Frauenzimmern viel
Lehren geben, wie man in der Wahl bei Heirathen
und Ehestiftungen verfahren solle. Die Augen
der Vernunft muß jedes Frauenzimmer aufthun,
wenn es sich von mehr als einem Ambassadeur
angegangen sieht. — Ihr Schönen besucht uns
alle! alle! — aber nehmt nur nicht zuviel mit
von der Bühne, sonst möcht' es für die schmachten-
den Liebhaber im bürgerlichen Leben nachtheilig
sein." Am originellsten ist jedenfalls die folgende Theaterankündigung: „Hamlet, Prinz von
Dänemark oder: Die Comödie in die Comödie";
Bemerkung: „Heute ruft der Kenner jung und
alt zu: hört, hört heute des Hamlets nervoese
Gedanken! Seid aber ja alle, alle aufmerksam,
damit ihr nichts von dessen Schönheit durch un-
erträgliches Geräusch verlieret. N. B. Die 3
Acteurs der kleinen Comödie sind extra Schauspieler. Mad. Gödel wird heute in der Rolle der

Ophelia zeigen, was die Schauspielkunst für große
Wirkungen vermag, und Hr. Göbel wird als
Hamlet durch sein meisterhaftes Spiel zur Bewunderung hinreißen, so wie der Directeur in der
schweren Rolle des Geistes sich den Beifall eines
hochgeneigten Publicums nicht unwerth bezeigen
wird. — O! hochpreisliches Publicum! komm und
sieh! so wirst Du empfinden, welch ein Unter-
schied es ist, wenn der Hamlet von wahren
Schauspielern oder Stümpern aufgeführt wird
und wir das Kostüm in Kleidung und Decorationen beobachten werden." — Aus diesen
Schauspielankündigungen, die uns übrigens den
Beweis liefern, daß man sich auch schon in ver-
gangenen Zeiten meisterlich auf das Reklame-
machen verstand, erhellt wohl am besten, weß
Geistes Kind Ilgener war: der richtige Schmieren-
director, das Urbild eines wandernden Komödianten-
principals. Die Leistungen seiner Gesellschaft
charakterisirt u. a. nachstehende Anecdote. Als
sich Lessing im Winter 1774/75 kurze Zeit in
Leipzig aufhielt, gab der gerade dort anwesende
Ilgener dem Dichter zu Ehren die „Miß Sara
Sampson". Lessing besuchte die Vorstellung jedoch nicht, und als ein Leipziger Freund ihm
darüber Vorwürfe machte und bemerkte, daß man
sein Kind, wenn auch etwas zerlumpt, doch immer

gern fähe, erwiderte er: „Das wohl; aber wenn ich's nun am Galgen finde?"

Ilgener's hiefige Vorstellungen veranlaßten den Dr. J. E. Koppe zu einem 1776 in Rostock erschienenen „Versuch einer Kritik über die Ilgener'sche Gesellschaft." Diese Kritik, die auch darum interessant ist, weil man aus ihr ersieht, wie unbarmherzig man im vorigen Jahrhundert in Rostock der theatralischen Mittelmäßigkeit zu Leibe ging, lautet:

„Herr Ilgener ist ein Mann, dem es zu sehr an Kenntnissen fehlt, als daß unter seiner Di-rection seine Gesellschaft zu einiger Vollkommen-heit gelangen sollte. Er ist noch aus dem Seculo der Reibehande und wie die saubern Principale alle heißen. Seine große Idee, die er sich von seinen Fähigkeiten macht, verleitet ihn zu der Schwachheit, fast immer die Hauptrollen zu machen. Komische Personen und erste Bediente sind sein Hauptfach, jedoch verfällt er in das übertriebene Komische, das sich nur für einen buntjäckigten Pritschmeister schickt, und diesen machte er vor Kurzem in dem „Arlequin Mi-santhrope" meisterlich. Sein Singen ist unter aller Kritik. Auch als Prologen- und Epilogen-schmied hat er sich allhier ausgezeichnet. Gleich am ersten Abend gab er uns zwei Geburten

seines Witzes nach Hans Sachsens Manier, nämlich „Die verschwisterte Thalia mit Melpomene
im Haine der Clio“ und eine Antrittsrede. Im
ersten Stücke brachte er der Vorsehung seinen
Dank, daß sie den guten Geschmack so weit hätte
steigen lassen, daß sich nun kein Arlequin mehr
dürfe auf der Bühne sehen lassen, und einige
Zeit hernach bringt er den größten Zotenreißer
und Hanswurst wieder aufs Theater. Welch
ein Widerspruch! — Mad. Ilgener ist eine kleine
Person, der die gütige Mutter Natur bei ihrer
Bildung sehr wohl gewollt hat. Sie ist eine
gute Actrice und besonders in furiosen Rollen,
daher ihr die Marwood gelang. Eine anständige
Dreistigkeit macht ihr Agiren angenehm auch als
Sängerin wäre sie auszustehen, wenn sie nur
nicht zu sehr kreischte. Ihre Action im Singen
fällt in's Lächerliche, weil sie stets den Tact
schlägt. Im Ballet figurirt sie leidlich. — Dem.
Ilgener d. Aelt. verspricht sehr viel, nur etwas
mehr Action fehlt ihr noch. Ihr sanfter Charakter macht sie zu furiosen Rollen untauglich.
Ihre Stimme ist im Singen einnehmend, aber
zu schwach. Ich wünschte lieber von ihr sagen
zu können, sie tanzt gar nicht, als: sie tanzt gut;
denn eine gute Tänzerin und Sängerin verträgt
sich nicht zusammen, und ich glaube, daß die

heftige Bewegung des Tanzens einen starken Einfluß auf ihre leise Stimme hat. — Dem. Ilgener d. J. macht Kinderrollen sehr gut und läßt von ihrem Singen und Tanzen sehr viel hoffen. — Mad. Cynas muß man die Gerechtigkeit widerfahren lassen, daß sie unter die mittelmäßigen Actricen gehört. Eine gar zu gezerrte Sprache macht ihre Declamation unangenehm und die heftige Verbergung ihres Kopfes in den Schultern verursacht eine unanständige Figur. Im Singen und Tanzen muß sie nicht zu gebrauchen sein, wenigstens hat sie von beiden Theilen keine Proben abgelegt. — Mad. Reymann (eine verunglückte Directrice) hat eine gute Stimme, aber ist zu fühllos in ihren Actionen, singt ziemlich und tanzt Solos mit vielem Beifall. — Mad. Wagner ist in allen ihren Rollen unausstehlich. Schon beginnt das Alter an ihr seine Rechte auszuüben. Nur ein halb Dutzend Zähne möchten ihre Sprache leidlich machen. (Sollte Jemand dies für eine Beleidigung der Actrice halten, so beantwortet der Verfasser diesen Einwurf also: Er weiß es sehr wohl, daß sie nicht vor das Ausfallen der Zähne kann, und er will nur hierdurch anzeigen, daß sie das Theater verlassen soll. Aber, mein Herr Kritikus — höre ich jemand sagen — was soll sie alsdann an-

fangen? Sie bemühe sich, Putzmacherin oder
Wäscherin zu werden.) Mit ihrem Singen
würde sie gewiß den Cerberus wüthend gemacht
haben, so wie dorten Orpheus ihn besänftigte. —
Mad. Ruschwey ward sehr wenig zum Agiren
gebraucht, und wenn sie aufs Theater kam, fol-
terte sie allemal des Hörers Ohr durch ihre
böhmische Sprache. Sie sang leiblich und figurirte. Sie ist mit ihrem Mann heimlich davon
gegangen. — Dem. Schüßlern spielt diejenigen
Rollen am besten, worin sie nur Ja sagen darf;
thut als figurirte sie, aber springt als unsinnig
auf dem Theater herum. — Herr Kramp ist von
dem Herrn Ilgener zu den ersten Liebhabern und
andern ersten Rollen bestimmt, ist hierzu aber
gar nicht geschickt und verdirbt daher alle Stücke.
Seine Action ist zu steif, seine Sprache unangenehm und seine Figur taugt auch nicht viel. Zu
Pedanten ist er geboren. — Hr. Göbel ist ein
liebenswürdiger, wohlgebildeter Mann, der durch
seinen zaubervollen Tenor aller Zuschauer Ohren
reizt. Von seiner sonstigen Action läßt sich nicht
viel sagen. Er scheint hier nicht in seinen Rollen
zu sein. — Hr. Erdmann spielt Bramarbas- und
Tyrannen-Rollen mit vielem Beifall. Nur das
Singen muß er ja bleiben lassen. — Hr. Schulz
spielt die kom. Personen und Pedanten sehr gut.

Zum Singen und Tanzen ist er nicht geboren. — Hr. Cynas verdirbt alle Rollen außer den Philipp in Young's „Brüder"; da er so gefiel, daß ihn Jemand den andern Eckhof nannte. Ich kenne Eckhof nicht und kann nicht von seinen Talenten urtheilen, allein, nach allem Rühmen von ihm, muß man in ihm einen ganz anderen Mann erwarten, als Cynas ist. — Hr. Ruschwey hat sich mehr durch sein heimlich Davongehen als durch sein Agiren verewigt, denn er erhob sich nicht über das Mittelmäßige. Singen und Tanzen war nicht sein Fach, obgleich er dreist genug war, ersteres auf der Bühne zu exerciren. — Hr. Arnold spielt Nebenrollen und ist kein Gegenstand, von dem man viel Rühmens machen kann. — Hr. Huber ist Balletmeister und tanzt ziemlich gut, aber hat kein erfindungsreiches Genie. Als Acteur muß er ja vom Theater bleiben, denn er lernt keine Rolle fertig. — Hr. Hagendorf spielt zweite Bediente leidlich und hat Anlage zum Tanzen. — Hr. Reymann, gewesener Directeur einer verunglückten Gesellschaft, ist erster Balletmeister und verdient die größte Bewunderung. Ein Ballet von ihm veräth mehr Erfindung als zehn von Huber. — Hr. Amberg ist mehr als Tänzer, als Acteur und Sänger zu loben. — Hr. Looff geht als Anfänger immer mit durch; scheint zu Pedanten Anlage zu haben."

Trotz aller Mittelmäßigkeit scheint aber die Jlgener'sche Gesellschaft in Rostock Erfolg gehabt zu haben. Wenigstens kam eine Concurrenzgesellschaft, gebildet aus Mitgliedern der früheren, zu Stralsund aufgelösten, Amberg'schen Gesellschaft, welche im Frühjahre **1776** hier eintraf, nicht auf. Nach vierzehntägigen verunglückten Versuchen vereinigte sich diese Gesellschaft mit der des Directors Jlgener. Vielleicht waren ihre Leistungen noch mäßiger als die der Jlgener'schen Bande, und von zwei Uebeln hat man ja von jeher das kleinere gewählt. Die vereinigten Gesellschaften gingen sodann nach Lübeck und Stralsund, kehrten darauf nach Rostock zurück, von wo aus sie Güstrow besuchten. Im Jahre **1778** war Jlgener wieder in Rostock und ging von hier im September nach Güstrow, wo er jedoch wegen des am 12. Septbr. erfolgten Ablebens des Prinzen Ludwig zu Mecklenburg - Schwerin seine Vorstellungen nicht beginnen konnte. Die durch dieses Pausiren veranlaßten Schulden konnten durch die späteren Einnahmen nicht gedeckt werden. Jlgener machte Concurs, und die Gesellschaft trennte sich am Ende des Jahres.

In der nächsten Zeit nach der Trennung der

Ilgener'schen Gesellschaft ist Rostock die einzige mecklenburgische Stadt, in welcher dramatische Vorstellungen stattfinden. Wie schon vorhin bemerkt, war der Herzog Friedrich ein entschiedener Gegner aller sinnlichen Ergötzlichkeiten und namentlich auch des Schauspieles. „Comödien, Marionettenspiele, maskirte Bälle, mit Gefahr vermischte Künsteleien und dergleichen öffentliche Gaukelwercke" machten, wie es in einem Schreiben des städtischen Conventes Ende 1779 an den Herzog heißt,[23] auf das landesväterliche Herz desselben, „das nur die wahre Vervollkommnung der Unterthanen schätzte", einen „widrigen Eindruck." Die mecklenburgischen Städte verwehrten daher, um ihrem „mildesten Beherrscher ein Opfer ihrer Devotion zu machen", allen Künstlergesellschaften die Concession, nur Rostock, welches bekanntlich auch auf anderen Gebieten dem Herzoge opponirte, bewahrte sich auch in Sachen der Kunst seine Selbständigkeit und Freiheit.

Während des Pfingstmarktes **1779** spielte der Director **Constantini,** welcher früher in Kassel, Celle und Lüneburg Vorstellungen gegeben hatte, in Rostock. Wir lassen hier das Personalverzeichniß der Gesellschaft folgen, welches durch die

---

[23] Bärensprung pag. 93.

originelle Bezeichnung der Rollenfächer höchst
interessant ist: „Hr. Constantini, Vetter des Directeurs, Musikdirector; Mad. Albrecht, erste
Mütter, Kupplerinnen und Soubretten, singt die
Mutter in der Oper; Dem. Constantini, zweite
Liebhaberinnen und unschuldige Rollen, singt und
tanzt; Mad. Hartmann, Mütter und Vertraute;
Mad. Lindner, Anfängerrollen; Mad. Wothe,
erste Liebhaberinnen in Schau- und Singspiel;
Hr. Albrecht, komische Alte, Bauern und Pedanten, ist zugleich Theatermeister; Hr. Antoni,
Bediente, Buchhalter u. s. w., singt; Hr. Hartmann, Bediente und Nebenrollen; Hr. Huber,
Bauern und niedrige Rollen; Hr. Kramp, erste
kom. Bediente, Wirthe und Pedanten; Hr. Stierle,
erste Bediente, Deutschfranzosen, singt den ersten
Tenor; Hr. Wothe, zweiter Liebhaber im Schau-
und Singspiel.“

Für die Pfingstmarktszeit des Jahres 1780
ward dem „Directeur der lübschen Gesellschaft
deutscher Schauspieler“ **Gottfried Heinrich
Schmidt** die „Aufführung anständiger Schauspiele“ gestattet. Die Gesellschaft bestand aus
folgenden Mitgliedern: „Dem. Estor, erste zärtliche Mütter, hochkomische Weiber, Wirthschafterin-
nen und alle erste Soubretten; Dem. Rögglen,
junge Liebhaberinnen, tändelnde und naive Rollen

im Schauspiel, zweite Rollen im Singspiel; Mad.
Schaffner, Unterhändlerinnen, Vertraute, Hülfs-
und Nebenrollen, figurirt; Mad. Schmidt, erste
zärtliche Liebhaberinnen, Königinnen, charakterisirte
und verkleidete Rollen, erste Sängerin, figurirt;
Hr. Clausenius, Bauern, Unbekannte, Jäger, fig.;
Hr. Hieber, dumme Rollen, Corporals, auch
stumme und Hülfsrollen, fig.; Hr. Normann,
Liebhaber, Spieler und jugendliche Rollen, alter-
nirt mit Hrn. Wilhelmi den ersten Tenor in der
Oper, fig.; Hr. Rögglen der Vater, zärtliche und
komische Väter, Kerkermeister; Hr. Rögglen der
Sohn, Chevaliers, Juden, die französischen Be-
dienten; Hr. Rhake, erste zärtliche Väter, edle
und komische Alte, Militairrollen, singt Baß;
Hr. Rathje, erste polternde und kom. Alte, Wirthe,
Pedanten, Spitzbuben. singt die erste Baßstimme;
Hr. Schmidt, erste komische Bediente, Liebhaber,
Bauern, erste Militairrollen, tanzt und singt;
Hr. Schaffner, Liebhaber, Bauern, Bediente, singt
und tanzt: Hr. Schumann, alte Bediente, Feld-
webel und stumme Rollen; Hr. Wilhelmi, erster
Tenor in der Oper, sonst Liebhaber, Officiere,
Geistliche." Die Schauspieler von Ehemals
müssen vielseitige Talente gewesen sein! Wo fin-
den wir heute eine Dame beim Theater, die zu-
gleich als erste Sängerin und erste Liebhaberin

4*

thätig ist, wie hier die Frau Schmidt? Dieselbe muß überdies Anerkennenswerthes geleistet haben, denn selbst der gestrenge Herr Recensent der Ilgener'schen Bühne, Dr. J. C. Koppe, fühlte sich gedrungen, dieselbe zu besingen.

, Im Jahre **1781** erhielt **Schmidt** wiederum die Concession.

Dagegen wurde im April des Jahres **1782** dem Schauspieldirector **Jean Tilly,** der selber als Balletmeister und erster Solotänzer thätig war, „in Berücksichtigung der großen Kosten zur Erbauung seiner Bude" die Erlaubniß ertheilt, bis Ende Juni Vorstellungen geben zu dürfen. Von einer Wiedergabe des noch vorhandenen Mitgliederverzeichnisses sehen wir ab, da dasselbe in der Bezeichnung der Fächer dem vorigen ähnelt und sich besonders hervorragende Künstler nicht darin verzeichnet finden. Bemerkt mag nur sein, daß Tilly eine vollständige Balletgesellschaft be-saß, deren Leitung in seinen eigenen Händen ruhte.

Demselben Director wurde Ostern **1783** eine zweimonatliche Concession ertheilt. Auf seine im Juli desselben Jahres bei E. E. Rath vor-gebrachte Bitte, ihm in Rostock, wie es bereits in Stralsund und Lübeck geschehen sei, ausschlie-ßende Freiheit zu theatralischen Aufführungen für

einige Monate jährlich zu ertheilen, erfolgte dagegen ein abschlägiger Bescheid.

Von Ostern bis Johannis **1784** erhielt **Tilly**
wiederum die Erlaubniß, jedoch unter der Bedingung, daß er die in jeder Woche aufzuführenden Schauspiele in der vorhergehenden Woche
dem worthabenden Bürgermeister zur Einsicht und
Censur vorlege.

In dieser Zeit existirte in Rostock auch ein
Privattheater von Bedienten. Leiter und
Dramaturg desselben war nach einem Berichte
aus Rostock, d. d. 30. April 1784, in Reichard's
Theaterkalender, Jahrgang 1785, ein früherer
Schneider, Namens Rosenfeld. Dieses „Genie
in Livree", welches sich „ohne die geringste An-
führung zum dramatischen Dichter emporgeschwun-
gen hatte", schrieb ein Lustspiel: „Der groß-
müthige Liebhaber" und ein Trauerspiel: „Von
Turm und Fräulein Louise", die, „wenn sie gleich
von groben Fehlern strotzten und mit vielem niedrigen
Bedientenwiz angefüllt waren", dennoch „herr-
liche Anlagen" verriethen. Diese und andere
Stücke wurden nun auf dem von Rosenfeld ge-
leiteten Bedientenprivattheater vor einem aus Bedienten und „Schönen ihres Standes" bestehenden Publikum aufgeführt. Wer als ausübendes
Mitglied der Rosenfeld'schen Kunstgenossenschaft

angehören wollte, mußte wenigstens schreiben und Geschriebenes lesen können. Das Rosenfeld'sche Bedienten theater war jedenfalls ein ganz originelles Kunstinstitut, welches Rostock anscheinend vor allen übrigen mecklenburgischen Städten voraus hatte.

Für die Pfingstmarktszeit **1785** wurde wieder dem Director **Tilly** Concession ertheilt. Dieser konnte jedoch seine Bühne nicht eröffnen, da in Folge des Todes des Herzogs Friedrich am 24. April 1785 allgemeine Landestrauer eintrat. Tilly's Bitten, ihn doch während des Marktes spielen zu lassen, blieben unerhört; dagegen ertheilte ihm E. E. Rath die Erlaubniß für das nächste Jahr und zwar unter der Bedingung, daß Tilly auch einige, noch näher zu bezeichnende, Wintermonate in Rostock spiele.

Ostern 1785 begann der **Bau unseres Schauspielhauses,** welcher Anfang Juni 1786 beendet war. Das „wirklich schöne", auf der Stelle des ehemaligen Ballhauses am Johannisplatze erbauete Gebäude hatte nach einem Berichte in Reichard's Theaterkalender Jhrg. 1787 die Gestalt eines regelmäßigen Rechtecks. Die beiden Längsseiten enthielten die Portale und „die mit einer mit Blei gedeckten Kuppel versehenen Giebel". Das eine Portal trug die Inschrift: „Thaliae Consecratum Sumptibus Publicis MDCCLXXXVI", das entgegengesetzte das Rostocker Stadtwappen. Inneres wie Aeußeres des Schauspielhauses war nach dem erwähnten Berichte solide und geschmackvoll, nur die Bühne selbst ließ zu wünschen. „Indessen", heißt es weiter an angeführter Stelle „verdient und erhält der Magistrat für dieses patriotische und so vortrefflich ausgeführte Unternehmen, so wie der Prof. Schadelook, der den Bau dirigirte, aller Musen und Schauspielfreunde wärmsten Dank." Als „geschmackvoll und wohlgelungen" wurde also damals unser Schauspielhaus bezeichnet. Nun, entweder waren unsere Vorfahren bescheidener in ihren aesthetischen Forderungen als wir, oder aber unser Theatergebäude hat bei späteren Restaurationen seine Schönheiten verloren und das heutige schafstallmäßige Aussehen dafür eingetauscht. **Tilly,** der am 3. Juni **1786** in Rostock angelangt war, eröffnete dies neuerbaute Theater am 7. Juni mit einem vom Dr. d'Arien in Hamburg gedichteten Prolog: „Der Triumph der Kunst." Die Tilly'sche Gesellschaft wird darauf wohl einige Monate in Rostock gespielt haben.

Im October **1786** erhielt dann der „deutsche Schauspielunternehmer" **Theophilus Friederich Lorenz** Concession, aber unter der Bedingung,

daß er die Bühne an Tilly überlasse, falls dieser
in Rostock einträfe. Lorenz gab am 15. October
als erste Vorstellung das Jünger'sche Lustspiel:
„Der offene Briefwechsel", worauf eine Antrittsrede, vom Director „tiefgebückt im Schlafrock" gehalten, folgte. Die zweite Vorstellung war „Ma-
riane", Trauerspiel von Gotter, und „Der dank-
bare Sohn" von Engel. Ferner wurde gegeben
am 20. Oct. „Minna von Barnhelm"; am 23.
d. „Die Wirthschafterin oder: Der Tambour bezahlt alles", Lustspiel von Stephani, und „Die
beiden Billets", Lustspiel von Anton Wall[24]); am
25. d. „Die Räuber" (— anscheinend und wahrscheinlich zum ersten Male in Rostock —); am
29. „Die Drillinge", Lustspiel von Bonin[25]), und
„Herzog Michel"; am 30. „Nicht mehr als sechs
Schüsseln" von Großmann[26]); am 3. November

---

[24]) Unter dem Namen „Anton Wall" schrieb Christian Lebrecht Heyne (1751—1821) mehrere Lustspiele.

[25]) Christ. Friedrich v. Bonin (1755—1813), preuß.
Officier, später mecklenburg-strelitzer Oberst zu Strelitz, ist Verfasser einer ganz bedeutenden Zahl von
dramatischen Dichtungen.

[26]) Gustav Friedr. Wilhelm Großmann wurde zu
Berlin 1744 geboren, ward preußischer Legations-
secretär in Danzig, privatisirte darauf in Berlin und
trat 1774 in Gotha als Schauspieler auf, zeichnete
sich als solcher sehr aus, führte Direction zu Bonn,
Frankfurt a. M. Durch den Brand des Frankfurter

„Der Fanatismus oder Jean Calas", Schauspiel
von Weiße; am 6. November „Der Gasthof oder:
Trau schau wem!", Lustspiel von Brandes [27]);

Theaters verlor er sein Vermögen. Dann wurde er
Theaterdirector zu Hannover, Bremen und Pyrmont.
Wegen revolutionärer Gesinnung und weil er gewisse
Persönlichkeiten auf die Bühne gebracht hatte, wurde
er verhaftet, später aber wieder in Freiheit gesetzt.
Im Jahre 1796 starb er zu Hannover. Er schrieb
mehrere Lustspiele.

[27]) Johann Jacob Christian Brandes, geb. 1738
zu Stettin, führte ein sehr bewegtes Leben. Er stu-
dirte Anfangs, wurde dann Kaufmann, mußte aber
wegen Unterschlagungen flüchten. Er durchirrte und
durchbettelte nun ganz Preußen und Polen und war
nach einander Tischlerlehrbursche, Schweinefütterer,
Quacksalber, Tabackskrämer, Bedienter. Als Bedienter kam er nach Lübeck, wo gerade die Schönemann'sche Gesellschaft spielte. Brandes debütirte
1757 bei derselben ohne Erfolg. Er wurde darauf
Schreiber bei dem Dichter Dreyer und hernach wieder
Bedienter in Dänemark. Nach einiger Zeit schloß
er sich wieder einer reisenden Schauspielergesellschaft
an. Endlich kam er in Stettin zu der Schuch'schen
Gesellschaft, mit welcher er Berlin, Breslau und
Königsberg besuchte. Später ging er zu den Bühnen
in Leipzig, Hamburg, Dresden, Mannheim und Hamburg. In Dresden und Hamburg führte er selbst
Direction. 1788 setzte er sich zur Ruhe und lebte in
Stettin, † 1799 in Berlin. Seine Frau war die berühmte Schauspielerin Esther Charlotte Brandes,
geb. Koch (1746—86). Brandes dichtete mehrere Schau-
und Lustspiele und arbeitete auch die Cantate „Ariadne

am 7. R. „Der Adjutant“, Luftspiel von Bräuel, und „Der Edelknabe“ von Engel[28]), am 8. d. M. „Henriette oder: Sie ist schon verheirathet“, Luftspiel von Großmann. Das weitere Repertoir

auf Naros“ von H. W. von Gerstenberg (1737—1823) in ein Duodrama um, zu welchem der durch seine melodischen Compositionen ebenso sehr wie durch seine beispiellose Zerstreutheit berühmte Gothaische Kapellmeister Georg Benda (1721—1795) die Musik lieferte. Brandes Frau feierte in diesem Stücke große Triumphe.

[28]) Johann Jacob Engel, der Dichter dieses noch bis in die Mitte unseres Jahrhunderts vielfach gegebenen Stückes und zugleich der Verfasser des für den darstellenden Künstler bedeutungsvollen Werkes „Die Mimik“ und des „Philosophen für die Welt“, ist bekanntlich ein Mecklenburger. Er wurde 1741 zu Parchim geboren, besuchte die Schule zu Rostock, verlebte hier auch einen Theil seiner Studienzeit, ging darauf nach Bützow, wohin bekanntlich 1760 der herzogliche Theil der hiesigen Universität verlegt worden war, und promovirte dort zum Dr. der Philosophie. 1765 begab er sich nach Leipzig, 1776 wurde er als außerordentlicher Professor an das Joachimsthalische Gymnasium in Berlin berufen, 1787 wurde ihm die Oberdirection des Berliner Theaters übertragen, welche er aber 1794 wieder niederlegte. Er privatisirte darauf in Schwerin, von wo ihn der König 1798 nach Berlin zurückrief. Hier lebte er, durch eine königliche Pension vor Nahrungssorgen geschützt, ganz den Musen und der Wissenschaft, bis ihn 1802 auf einer Reise zu seiner Mutter in Parchim der Tod ereilte.

ist leider nicht aufbewahrt. Am 15. Dec. fragte
Tilly von Lübeck aus beim Magistrate an, ob
man, da Lorenz fortgehen wolle, wünsche, daß er
nach Rostock komme. Es wurde ihm erwidert,
daß er dazu geziemend um Erlaubniß zu bitten
habe, man aber keineswegs gesonnen sei, ihn nach
Rostock zu berufen. Unterdessen hatte Lorenz
eine Verlängerung der Concession bis zur Fastenzeit nachgesucht, die ihm auch gewährt wurde.
Auf sein Gesuch vom 18. Januar 1787, während
des kurzen Besuches des Herzogs von Mecklen-
Strelitz bei der verwittweten Herzogin Friederike
Louise am Sonnabend oder Sonntag spielen zu
dürfen, erhielt er jedoch eine abschlägige Antwort.
Im December 1786 bestand die Lorenz'sche Gesellschaft aus folgenden Mitgliedern: Lorenz und
Frau, Göbel und Frau, Keilholz und Frau, Hos-
topsky und Frau, Madame Clodius, Demoiselle
d'Arien, Dem. Dahms, Hr. Hagemann, Hr. Ros-
purg, Hr. Toskau, Hr. Reintz, Hr. Liebenow, Hr.
Blume. Erwähnt mag noch werden, daß Lorenz
bei seinem Auftreten in Rostock sofort mit dem
damals hier existirenden Blatte „Der Unterhalter
an der Warne" in Streit gerieth. Das genannte
Blatt hatte ungünstige Kritiken über das Lorenz-
sche Theater veröffentlicht. Lorenz ließ darauf
mit dem Theaterzettel ein Folioblatt austheilen

mit der Ueberschrift: „Dem Beobachter an der
Warne." Es ward dafür von dem letzteren mit
der Veröffentlichung einer Broschüre: „Signor
Lorenz als Mensch, Schriftsteller, Schauspieldirector und Schauspieler in seiner ganzen Blöße
dargestellt" bedroht. Aus dem „Beobachter" ist
wahrscheinlich auch die sonderbar klingende Notiz
entnommen, daß Lorenz hier seine Antrittsrede
„tiefgebückt im Schlafrock" gehalten habe. Wahrscheinlich trug er dieselbe in einem etwas zweifel-
haften Talar und in allzu devoter Haltung vor,
worüber dann das auf ihn piquirte Blatt die
obige malitiöse Bemerkung machte.

Im Jahre **1786** fanden in Rostock auch einige
Theateraufführungen durch Studenten
statt. Am 23. Januar wurden zum Besten des
Waisenhauses „Die Spieler" von Beil [29]) aufgeführt. Das „Legegeld" betrug 16 fl. Am 30.
Januar wurde die Vorstellung repetirt und noch
eine Posse: „Die Furcht", nach dem Italiänischen
des Capacelli [30]), dazu gegeben. Am 24. Februar

---

[29]) Joh. David Beil (1754—1794), der bekannte
Schauspieler, Mitglied der Mannheimer Bühne, schrieb,
selbst ein leidenschaftlicher Spieler, u. a. auch ein
Theaterstück: „Die Spieler".

[30]) Zu Ende des 18. Jahrhunderts lebte in Italien
ein Pietro Capacelli, Graf v. Albergati, ein compo-
nirender Musikdilettant, welcher mehrere Opern schrieb.

wurde von denselben Darstellern „Die Mündel"
von Iffland aufgeführt, welche Vorstellung am
27. Februar wiederholt wurde.

Im Frühjahr **1787** zeigten die Schauspieler
Hostovsky und Hagemann, bisher Mitglieder
der Lorenz'schen Gesellschaft, dem Rathe an, daß
sie, „da Lorenz weder als Director noch als
Schauspieler zu gebrauchen sei", mit mehreren hiesigen und Güstrow'schen Schauspielern eine „ver-
einte Gesellschaft" bilden wollten, und baten ihnen
zu erlauben, nach Ostern in Rostock zu spielen.
Es wurde ihnen diese Erlaubniß zunächst auf
4 Wochen ertheilt. Zu den aus Güstrow, von
der Gesellschaft einer Madame Köppi, in Rostock
eingetroffenen Mitgliedern gehörte auch Herr
Fendler, welcher in Gemeinschaft mit Hostovsky
die Leitung der neu gebildeten Gesellschaft über-
nahm. Im Juli 1787 ging die Gesellschaft auf
einige Monate nach Wismar, von wo sie im October nach Rostock zurückkehrte. Da sie hier während der Adventszeit nicht spielen durfte, so begab sich dieselbe im November nach Stralsund,
von wo sie am 24. December wieder nach Ro-

Vielleicht wurde eine seiner komischen Opern als
„Vaudeville" eingerichtet und hier unter dem Titel
„Die Furcht" gegeben. Ein Komödiendichter Namens
Capacelli ist nicht bekannt.

stock kam und am Tage nach Weihnachten ihre
Vorstellungen begann.

Die Gesellschaft bestand aus folgenden Mit-
gliedern: Hr. Cruse, Musikdirector; Hr. Beckert,
Charakterrollen; Hr. Engel, Nebenrollen; Hr.
Fendler, Pedanten, alte Bauern u. s. w.; Hr.
Hagemann, alle erste Liebhaber im Lust- und
Trauerspiel; Hr. Hartmann, zweite Liebhaber;
Hr. Hostovsky, zärtliche Alte, Soldaten, Lieb-
haber in der Oper; Hr. Liebenau, Liebhaber,
auch Alte; Hr. Lell, komische Alte; Hr. Reinz,
Bediente, Chevaliers (!); Hr. Warncke, Alte in
der Oper, erste Alte, auch Liebhaber; Hr. Mehl,
Nebenrollen; Mad. Hostovsky, erste Liebhaberin-
nen im Lust- und Trauerspiel; Mad. Falke, zweite
Liebhaberin, alle erste Singrollen; Mad. Beckert,
Liebhaberinnen; Mad. Clodius, alle erste Mütter,
Damen von Stande, Soubretten. — Wieder
erstaunen wir über die originelle Vielseitigkeit der
dramatischen Künstler vergangener Zeiten. Man
bedenke nur: Hr. Hostovsky spielte die „zärtlichen
Alten" im Schau- und Lustspiel, die Liebhaber
in der Oper, Hr. Liebenau leistet Liebhaber, ver-
sucht sich zuweilen aber auch in dem Fache der
„Väter" und umgekehrt tritt der erste Väterspieler
Hr. Warncke auch als Liebhaber auf, während
endlich Hr. Reinz zwischen Dienern und Chevaliers

abwechselt. — Was die erste Liebhaberin, Mad.
Hostovsky, geb. Mehl, früher Mitglied der Ilgener'schen Gesellschaft, anlangt, so kam sie in den
Besitz dieser Rollen nur dadurch, daß sie eben die
Frau des Directors war. (Aehnliches ereignet
sich ja auch noch heute! Ben Akiba hätte wieder
einmal Recht gehabt!)

Mitte Januar **1788** schlossen Hostovsky und
Fendler ihre Vorstellungen in Rostock und gingen
auf kurze Zeit nach Güstrow, kehrten darauf
Ende Januar nach hier zurück, spielten bis zum
31. März im hiesigen Schauspielhause, begaben
sich dann wieder nach Güstrow, wo sie bis zum
18. April Vorstellungen gaben, und trafen bald
nach Ostern wieder in Rostock ein, um vom
29. April bis Ende Juni hier ununterbrochen
zu spielen. Wir sind in der Lage, das Repertoir
dieses Zeitraums ziemlich vollständig mitzutheilen.
Es wurde gegeben: am 29. April „Der
Schmuck", Lustspiel; am 2. Mai „Macbeth";
den 5. „Graf von Olsbach oder: Die Belohnung
der Rechtschaffenheit", Lustspiel von Brandes;
„Die lustigen Schuster und der verliebte
Schneider", Ballet; den 7. „Die Gunst der
Fürsten", Trauerspiel; den 8. zur Feier der Ankunft des Durchl. Herzogs Friederich Franz:
„Das Gedeihen der Kunst", Prolog vom Dr.

d'Arien in Hamburg. „Vater bleibt Vater oder:
Liebe für Liebe", Luftspiel, „Amor und die
Nymphen", allegorisches Ballet vom Balletmeister
Rhein; d. 9. „Die Schauspielerschule" von Beil,
„Die luftigen Schuster und der verliebte
Schneider"; d. 13. „Der Fähndrich" von Friedr.
Ludwig Schröder [31]), „Was wagt die Liebe
nicht!" Komische Oper. Am 14. Mai begann

---

[31]) Friedrich Ludwig Schröder, geb. 1744 in
Schwerin, „als mimischer Künstler für Deutschland
dasselbe, was Shakespeare als dramatischer Dichter
für England war, der Heros seiner Bühne, derselbe
Riesengeist in den mannigfachsten Gestaltungen",
machte sich als dramatischer Dichter um das deutsche
Theater dadurch verdient, daß er die Schätze der
ausländischen, besonders der englischen Literatur zu
uns herüberführte. Er war es, der die Shakespeare-
schen Dramen auf der deutschen Bühne heimisch
machte, und waren seine Bearbeitungen derselben
auch mangelhaft und sind sie auch längst übertroffen
worden, sein Verdienst, jene Stücke nach Deutschland
verpflanzt zu haben, bleibt unantastbar. Neben den
Dichtungen Shakespeare's bearbeitete und nationali-
sirte Schröder noch eine bedeutende Anzahl englischer,
spanischer und französischer Luftspiele. Eins dieser
Luftspiele, welche im Jahre 1831 gesammelt zu
Berlin erschienen sind, hat sich bis heute auf dem
deutschen Bühnenrepertoir erhalten, wir meinen das
bekannte Luftspiel: „Stille Wasser sind tief." Schröder starb im Jahre 1816 zu Hamburg.

Philipp Klingmann [32]) vom Hamburger Theater als Hans v. Ullendorf in Schröder's „Irrthum auf allen Ecken" ein Gastspiel auf der hiesigen

---

[32]) Philipp Klingmann (1762—1823) war ein vortrefflicher Darsteller der Liebhaber= u. Helden=, später der Väter= und Charakterrollen. Sein Leben war ein höchst bewegtes und so interessantes, daß wir einen kurzen Abriß desselben hier folgen lassen. Klingmann, zu Berlin von armen Eltern geboren, genoß den Schulunterricht durch die Güte eines Nachbarn, nach dessen Tode er jedoch ein Handwerk erlernen mußte. Er wurde Friseur, entlief jedoch nach 3 Jahren aus Furcht vor Strafe wegen eines Vergehens seinem Lehrherrn und wanderte ohne Rock und Mütze mit zwei Groschen in der Tasche nach Potsdam. Hinten auf dem Wagentritte eines reisenden Engländers und verpflegt von dessen Kammerdiener, gelangte er von dort nach Wien, wo der Engländer den jungen Abenteurer in seinem Hause duldete und für ihn sorgte. Bald jedoch ließ der dortige preußische Gesandte unsern Klingmann zu sich fordern, gab ihm einen Paß, das nöthige Geld und die strenge Weisung, sofort nach Berlin zurückzukehren. Klingmann verjubelte aber den größten Theil des Geldes mit einigen Kumpanen und wanderte dann mit dem geringen Reste nach Prag, wo er sich einem Schattenspieler anschloß und mit diesem wieder nach Wien zurückkehrte. Die Sehnsucht nach seinen Eltern, die Gewissensbisse über den ihnen verursachten Kummer trieben jedoch Klingmann an baldigst Wien zu verlassen und seiner Heimathsstadt Berlin zuzueilen, welche er denn auch nach mancherlei kleinen Abenteuern erreichte. Hier wurde er Schreiber bei einem Rathe.

Bühne. Derselbe trat ferner auf am 15. als „Figaro" in dem Lustspiele „Der Barbier von Sevilla", am 16. als „Hamlet", am 19. als „Fritz von Feldern" in „Der Schmuck" (als Zugabe zu diesem Stücke wurde das Ballet „Amor und die Nymphen" wiederholt), anr 20. auf höchsten Befehl als „junger Bramin" in „Lanassa" und zum letzten Male am 21. als „Anton" in „Die Jäger" von Jffland. Auf höchsten Befehl wurde ain 22. Mai das Duodrama „Ariadne auf Naxos" von Brandes, Musik von Benda und „Die Bekanntschaft im Bade" und am 23.

Da ihm jedoch diese Beschäftigung nicht behagte und er den Beruf zum Schauspieler in sich verspürte, so wurde er durch die Vermittelung seines Rathes in die damals gerade in Berlin anwesende Döbbelin'sche Gesellschaft aufgenommen. Er gehörte derselben nicht lange an, da er Soldat werden mußte. Als es ihm gelungen war, sich durch Kauf eines Stellvertreters vom Kriegsdienste zu befreien, ging er nach Hamburg zu F. L. Schröder, der sich seiner väterlich annahm und unter dessen Leitung er sich bald zu einem vortrefflichen Darsteller heranbildete und in Kürze der Liebling des Publikums wurde. — Von 1783—91 verblieb Klingmann in Hamburg und ging darauf an das Hoftheater in Wien, wo seine Leistungen denselben Beifall wie in Hamburg fanden und wo er bis an sein Lebensende verblieb. Von Wien aus gastirte der Künstler mehrmals in Hamburg und Berlin. Rostock besuchte Klingmann also während der Zeit seines Hamburger Engagements.

„Das Blatt hat sich gewendet" von Schröder
und „Der Prager Student oder: Das Gespenst
auf dem Lande", Lustspiel mit Gesängen, gegeben.
Weitere Vorstellungen waren: d. 26. „Graf von
Olsbach; d. 27. „Ignez de Castro"; d. 29. „Die
Parodie oder: So was kann bessern", Lustspiel
von dem, namentlich als Uebersetzer ausländischer
Bühnenstücke bekannten, Theaterdichter Joh.
Christ. Bock († 1785 zu Dresden), „Der lahme
Husar", komische Oper; den 30. „Agnes Ber-
nauerinn"; den 2. Juni „Der geadelte Kaufmann oder: Der Namenstag" von Brandes.
(N. B. Hr. Rhein wird vor seiner Abreise
in den Zwischenacten einige Solos tanzen).
Ueber die Aufführungen bis zum 12. Juni
fehlen die Nachrichten. Am 12. Juni wurde
aber gegeben: „Verstand und Leichtsinn", Lustspiel von Jünger; am 13. „Der Hofrath oder:
Mutterliebe verräth sich selten", Lustspiel von
Franz Joseph Maria Babo (1756—1822, Intendant des Münchener Theaters; von seinen dramatischen Dichtungen ist das noch in unserm
Jahrhundert mit Wilhelm Kunst in der Titelrolle
vielfach gegebene Trauerspiel „Otto von Wittels-
bach" die beste), „Der Bassa von Tunis", Komische Oper; am 16. „Maria Stuart", Trauerspiel von Christian Heinrich Spieß (1755—1799,

5*

Schauspieler und dramatischer Dichter an verschiedenen Bühnen, seit 1788 Wirthschaftsbeamter
zu Betzdiakau in Böhmen); am 17. „Das Findel-
kind", Lustspiel vom Grafen Friedr. Ludw. von
Brühl (1739—1793), „Jack Spleen"; am 19.
„Verstand und Leichtsinn"; am 20. „Die Schwär-
mereien des Hasses und der Liebe" vom Schauspieler Hempel [33], „Die Heirath durch ein Wochenblatt" von Schröder; am 23. „Eifersucht auf
der Probe", Komische Oper; am 24. „Caroline
oder: So wahr ich bin ein freier Mann", Lustspiel; am 26. „Haß und Liebe", Schauspiel, „Die
Heirath durch ein Wochenblatt"; am 27. „Die
Hoffnung zur Ruhe" (später: „Reue versöhnt")
Schauspiel von Iffland; am 30. „Um 6 Uhr ist
Verlobung", Lustspiel von Schröder; am 1. Juli
„Eifersucht auf der Probe"; am 3. „Wer war
wohl mehr Jude?", Schauspiel, „Das Winter-
quartier in Amerika"; am 4. „Die Hoffnung zur

---

[33] Wahrscheinlich der bekannte Schauspieler Gott-
lob Ludwig Hempel (1746—1786), „ein Mann von
vielen theatralischen Kenntnissen und ein vorzüg-
licher Schauspieler, besonders in den Fächern zärtlicher
Väter und komischer Alten", welcher neben einigen
Romanen auch mehrere Theaterstücke, Schauspiele
und Lustspiele, schrieb. Unter seinen Lustspielen fand
„Hans kömmt durch seine Dummheit fort" die
günstigste Aufnahme.

Ruhe"; am 7. „Zemire und Azor"; am 8. „Offene
Fehde", Luftspiel, „Der Hofrath", Luftspiel. Ueber
die weiteren Vorstellungen bis zum Schluffe des
Monats Juli liegen uns keine Berichte vor.
Ende Juli gingen die Herren Hostovski und
Fendler nach Wismar, von wo dieselben am
19. August dem Roftocker Rathe anzeigten, daß
ihre Gesellschaft sich mit der früher Lorenz'schen,
seit Anfang Februar aber unter der Direction
des Kammerherrn Grafen H. F. von Bassewitz
stehenden Gesellschaft³⁴) in Schwerin in der
Art vereinigen werde, daß der Graf Hauptdirector
bleibe, sie beide (Hostovski und Fendler) aber
Regiffeurs würden. Gleichzeitig wurde die Erlaubniß erbeten, im November nach Roftock
kommen zu dürfen. Es wurde ihnen Conceffion
ertheilt unter der Bedingung, daß sie bereits in
der Mitte des Octobers hier einträfen, bis zur
Adventszeit verweilten und darauf noch von Neu-
jahr bis zur Faftenzeit spielten. Konnte und

---

³⁴) Lorenz, welcher sich beim Schweriner Publikum
vollständig unbeliebt gemacht hatte, sah sich im Anfang des Februar genöthigt, die Direction niederzu-
legen, worauf denn der Kammerherr Graf H. F. v.
Bassewitz und der Juftizrath Wachenhusen in Schwerin die Direction des Schweriner Theaters, vorläufig
auf ein Jahr, übernahmen.

wollte die Gesellschaft nun diese Bedingungen nicht erfüllen oder war das Schreiben eines Cavaliers der damals gerade in Hamburg befindlichen Herzogin Wittwe an E. E. Rath, welches die Zulassung der Schwerin'schen Gesellschaft zu hintertreiben suchte, weil auf diese Weise Rostock ein Filial Schwerins werden würde und überdies das Schweriner Unternehmen gar viele Schattenseiten habe, für unsern Magistrat bestimmend oder lagen noch andere Gründe vor, kurz, die Schweriner kamen nicht nach Rostock und Ende Decembers wurde dem schon bekannten Director **Jean Tilly** die Concession ertheilt, im Januar **1789** hier seine Vorstellungen beginnen zu dürfen. Tilly spielte nun vom Januar bis in den Juni des Jahres 1789 hier in Rostock. Am 12. Juni zeigte er jedoch dem Rathe an, daß er sich nunmehr einen andern Aufenthaltsort wählen müsse, mit dieser Anzeige die Bitte verbindend, ihm zu gestatten, alljährlich von Weihnachten bis zum Ende des Pfingstmarktes in Rostock zu spielen, und ihm vor anderen Directoren den Vorzug zu geben. Seine Bitte wurde bewilligt, man behielt sich jedoch vor, während der Zeit seiner Abwesenheit auch andern Directoren Concession zu ertheilen. Zu der Tilly'schen Gesellschaft gehörte in diesem

Jahre auch eine Demoiselle Werthen, welche als
erste Liebhaberin im Schau- und Singspiel thätig
war. Obwohl damals diese Künstlerin erst
15 Jahre zählte, so trug ein Anonymus in der
„Monatsschrift von und für Mecklenburg 1789"
doch kein Bedenken, sie der berühmten, zu Hamburg
1788 verstorbenen Minna Brandes (eigentlich
Charlotte Wilhelmine Francisca, Tochter des
auch als Theaterdichter bekannten und von uns
früher bereits erwähnten Brandes, geb. 1765 zu
Berlin) an die Seite zu stellen und sie als der-
einstige Remplacantin der gefeierten Charlotte
Ackermann (1758—1775) zu bezeichnen. Diese
Prophezeihung scheint jedoch nicht so ganz in
Erfüllung gegangen zu sein, denn von der gedachten Dem. Werthen als einer großen Künstlerin
findet sich in der deutschen Theatergeschichte nichts
berichtet.

Tilly hatte also im Juni 1789 Rostock verlassen. Ende September desselben Jahres erhielt
ein Director **Erdmann** vom Rathe die Erlaubniß, hier spielen zu dürfen. Derselbe gab
seine erste und einzige Vorstellung am 28. September. Ueber den Ausfall derselben sowie über
den Werth des Erdmann'schen Kunstinstituts
heißt es in einer in der „Monatsschrift von und

für Mecklenburg 1789" abgedruckten Korrespon-
denz aus Rostock folgendermaßen:

„Heute wurde Thalia in ihrem eigenen Hause
und in den Augen des hiesigen Publicums von
einem Landstreicher geschändet. — Vor einigen
Tagen fand sich hier eine Bande sogenannter
Schauspieler, an deren Spitze ein gewisser Erdmann steht, in unserer Stadt ein. Sie hatten
bei ihrem Einzuge ihre Equipage auf dem Rücken
und sahen einer Caravane von Bettlern sehr
ähnlich. — Der worthabende Bürgermeister gestattete dem Director, oder vielmehr dem An-
führer, 3 Vorstellungen; allein wir haben, dem
Himmel sei Dank, nur eine zu sehen bekommen.
Schon der Comödienzettel konnte jeden vernünfti-
gen Menschen, wenn er auch nichts vom Einzuge
gehört, hinreichend belehren, daß Hr. Erdmann
ein Antipode von ihm sei:

„Mit Bewilligung hoher Obrigkeit u. s. w.
wird ein hier noch nie gesehenes und aller Orten
mit vielen Beifall aufgenommenes Singspiel 2c.
aufgeführt werden:

Alter schützt vor Thorheit nicht.

(Nun sind die Personen aufgeführt, ohne daß
jedoch bemerkt ist, wer von diesen sauberen
Leuten diese oder jene Rolle machen werde.
Nach Aufführung dieser Personen heißt es:)

Vorher folgt (sic)
ein neues Vorspiel in 1 Aufzuge genannt:
Wie Du mir: so ich Dir!

Nachricht: Wir treten heute zum erstenmale
auf der hiesigen Schaubühne mit der festen Zu-
versicht, Nachsicht, wenn ja ein kleiner Schwach-
heitsfehler vorgehen sollte, von unsern gnädigen
und geneigten Gönnern zu erwarten. Jeder
Anfang in einem fremden Orte ist schwer: mithin
bitte ich Theaterfreunden um Belehrung, wenn
diese Fehler vorfallen sollten, und zugleich um
einen zahlreichen Zuspruch. Ich hingegen ver-
spreche als ein würdiger Mann, daß ich mich
aufs eifrigste bestreben werde, jeden meiner
verehrungswerthen Gönner diese mir ansagende
Fehler auf künftige Zeit vorzubeugen!"

Das hiesige Publicum hat ihn gleich zum erstenmale ausgezischt und ausgepfiffen, ja die hiesigen
Musensöhne begrüßten ihn, um die Schmach der
Mutter zu rächen, mit einem Hagel von Pflaumen
und Kuchen, so daß die Vorstellung nicht einmal
zu Ende kommen konnte. Dem. Spozzi, eine
vortreffliche Tänzerin, welche sich schon beinahe
ein Jahr hier aufhält, entschädigte indessen die
Zuschauer durch einen Solotanz. — Uebrigens
wird man eine solche herumziehende Schaar so
leicht nicht wieder auf dem hiesigen Theater auf-

treten laſſen; es iſt daher auch, wie ich von einem glaubwürdigen Manne weiß, feſtgeſetzt worden, daß künftighin die Erlaubniß vom ganzen Senate, nicht vom worthabenden Bürgermeiſter allein, hierzu ausgewirkt werden muß.‟

Erdmann rangirte alſo noch unter Jlgener, und das will viel ſagen.

Im Januar **1790** traf wiederum **Tilly** in Roſtock. ein und ſcheint bis Ende Juli hier ununterbrochen geſpielt zu haben. Die vorhin erwähnte Demoiſelle Werthen war Anfangs noch bei ſeiner Geſellſchaft, verließ dieſelbe jedoch ſammt ihren Eltern im Laufe der Saiſon.

Für den Winter **1790/91** war **Tilly** wieder die Conceſſion ertheilt worden. Zum Antonitermine erwartete man ihn ganz beſtimmt, aber vergebens. Er erhielt vom Rathe für dieſes Ausbleiben einen Verweis, bald darauf aber die Erlaubniß, Anfang Februar nach Roſtock zu kommen. Zu dieſer Zeit traf denn Tilly auch wirklich hier ein, ſpielte mit Bewilligung der herzoglichen Regierung ſelbſt in der zweiten und dritten Faſtenwoche und ging erſt nach dem Pfingſtmarkte von hier nach Lübeck. Im October bewarb ſich Tilly darauf um die Conceſſion für den Winter 1791/92 und erhielt dieſelbe unter der

Bedingung, daß er bestimmt um Weihnachten
einträfe.

In den ersten Februartagen des Jahres
1792 petitionirte der Director **Fischer,** welcher seit dem 1. Februar 1790 das Schweriner
Theater für eigene Rechnung leitete, bei unserm
Rathe um die Erlaubniß, hier während des
Pfingstmarktes spielen zu dürfen, indem er bemerkte, daß Tilly Mecklenburg verlassen habe und
voraussichtlich in langer Zeit nicht hierher zurückkehren werde. Der Magistrat gewährte diese
Bitte. Fischer mache hier aber so schlechte Geschäfte, daß er tief in Schulden gerieth. Die
Hälfte der städtischen Abgaben wurde ihm er-
lassen. Seine mit Beschlag belegten Sachen
wurden ihm im Anfange des Monats August
gegen einen Revers, Michaelis zahlen zu wollen,
ausgeliefert. Fischer, der von hier nach Güstrow
ging, machte dort im October 1792 Concurs.
Seine Gesellschaft setzte dort ihre Vorstellungen
unter Bröckelmann und Beinhöfer fort. Im
Auftrage dieser Schwerin'schen Gesellschaft, welche
von Güstrow nach Bützow ging, bat am
23. December 1792 Herr Neuhaus den hiesigen
Rath, hier auf der Reise nach Stralsund einige
Vorstellungen geben zu dürfen. Sie erhielt
die Concession für den Antonitermin 1793, kam

jedoch nicht, da sie ganz unvermuthet nach
Schwerin befohlen wurde.

Dagegen wurde dem Director **Gutermann**
auf seine wiederholten Bitten endlich im April
1793 die Concession bis Johannis ertheilt.
Dieser engagirte, wie er selbst angab, am 24.
April in Schwerin mehrere Mitglieder und ver-
sprach in der folgenden Woche in Rostock einzutreffen. Die Herren Friebach und Pettang baten
am 17. April vergebens um die Erlaubniß, hier
während des Pfingstmarktes spielen zu dürfen.
Gutermann scheint aber im Frühjahr 1793 Rostock
nicht besucht zu haben. Für den **Winter**
1793/94 suchten das Rostocker Theater zu erhalten neben Gutermann, welcher sich darum am
16. August von Greifswald aus bewarb, Carl
Heinrich Butenop und Reinhard und Sprengel.
Sie erhielten jedoch alle Abschlag. Erst Ende
September wurde **Gutermann** die Erlaubniß
zugestanden, falls er baldigst eintreffen und während des Antonitermins hier verbleiben wollte.
Gutermann nahm diese Bedingung an, kam jedoch erst nach Weihnachten hieher, nachdem ihm
zuvor mit Rücknahme der Concession gedroht
war. Er spielte darauf bis Ende Februar 1794
und begab sich alsdann nach Stralsund. Bei
seiner Abreise erbat er die Erlaubniß, während

des Pfingstmarktes auf's Neue nach Rostock kommen zu dürfen. Er erhielt hierauf den Bescheid, daß er sein Gesuch nach Ostern auf's Neue vorbringen habe. Im März desselben Jahres erbat sich der in Wismar Vorstellungen gebende Director **Kübler** vom hiesigen Magistrat die Erlaubniß zu dramatischen Aufführungen für die Pfingstmarktszeit. E. E. Rath gestattete ihm, nach Ostern hier seine Bühne zu eröffnen, behielt sich aber wegen der Pfingstmarktszeit die Entscheidung noch vor, wahrscheinlich in Rücksicht auf Gutermann, der im April sein früheres Gesuch erneuerte und am 2. Mai denn auch bewilligt erhielt. Gutermann begann darauf sofort seine Vorstellungen. Am 5. Mai traf auch Kübler ein und verlangte gleichfalls während des Pfingstmarktes spielen zu dürfen. Nachdem der Dr. Prehn einen vergeblichen Versuch der Einigung der streitenden Directoren gemacht hatte, mußte Kübler Ende Mai's das Schauspielhaus an seinen Collegen und Concurrenten Gutermann überlassen. Allerhöchst wurde ihm aber die Benutzung des Herzoglichen Theaters im Palais gestattet, und so hatte denn schon im Jahre 1794 Rostock zwei Theater. Die Kübler'sche Bühne im Palais wurde am 6. Juni eröffnet mit einem von der Madame Kübler gesprochenen Prolog, dem Lustspiel „Gerechtigkeit und Rache" von Wilh. Heinrich Brömmel oder Brömel (1754—1808; eine Zeitlang beim Hamburger Theater angestellt, darauf Kriegsrath in Berlin; Bearbeiter von Romanen aus dem Englischen und Französischen und Verfasser mehrerer Dramen und Lustspiele) und dem komischen Ballet „Die Pariser Haubenhefterinnen". Als aber am 2. Juni der Herzog Adolph Friedrich IV. von Strelitz verstarb, mußte Kübler seine Vorstellungen auf dem Palaistheater schließen, er erhielt vom Herzoge Friedrich Franz für die Trauerzeit eine Entschädigungssumme von 150 Thlrn. und von E. E. Rath die Erlaubniß, nach dem Ende der Landestrauer in Rostock weiter spielen zu dürfen. Kübler machte denn auch von dieser Erlaubniß Gebrauch, zeigte jedoch schon am 14. Juli dem Magistrate an, daß er, da seine drei ersten Vorstellungen überaus schwach besucht gewesen wären und er sogar einmal gar nicht habe spielen können, sich gezwungen sähe, Rostock zu verlassen und nach Doberan zu gehen. Gleichzeitig erbat und erhielt er die Erlaubniß, nach Michaelis hieher zurückkehren zu dürfen. Kübler kam jedoch im Herbste nicht nach Rostock, sondern ging nach Schwerin, von wo er im November mit Erfolg die Erlaubniß nachsuchte, hier von Antoni bis Johannis spielen zu dürfen.

Das von ihm mit diesem Gesuche eingesandte Personalverzeichniß ist uns aufbewahrt [35]) und führt folgende Mitglieder auf:

„Mad. Fourneau, erste Soubretten und muntere Rollen im Schau- und Singspiel, Solotänzerin; Mad. Kübler, erste Liebhaberinnen im Schauspiel, Charakterrollen, unschuldige und empfindsame Mädchen, muntere naive Rollen, Liebhaberinnen und Soubretten im Singspiel, Solotänzerin; Mad. Neuhaus, Mütter und Liebhaberinnen im Schauspiel, verkleidete Mannsrollen, singt und figurirt; Mad. Rot, zänkische und komische Mütter, Betschwestern, affectirte Weiber und Carricaturrollen im Schauspiel, Mütter und Soubretten im Singspiel, figurirt; Mad. Stephanie, erste Liebhaberinnen im Singspiel, Liebhaberinnen und Soubretten im Schauspiel, figurirt; Mad. Schwarz, Soubretten, muntere Rollen, Bauernmädchen im Schauspiel, figurirt; Mad. Schmidt, Nebenrollen, figurirt. (Erwartet wird: Mad. Göbel, Liebhaberinnen im Schauspiel, junge Weiber, Damen von Stande, zweite Liebhaberinnen im Singspiel, erste Solotänzerin, vom Strelitz'schen Hoftheater); Hr. Bord, Deutsch-franzosen, Raisonneurs, Chevaliers, intri-

---

[35]) Bärensprung pag. 158.

gante Rollen, junge flüchtige Liebhaber, hochkomische Bediente im Schauspiel, figurirt; Hr.
Fourneau d. Aelt., Pedanten, komische Bediente,
Bauern im Schauspiel, erste komische Bediente
im Singspiel, Solotänzer; Hr. Fourneau d. J.,
komische Bediente, jugendliche muntere Rollen im
Schauspiel, singt und figurirt; Hr. Fux, Liebhaber
und Vertraute, singt und figurirt; Hr. Göbel,
erste Liebhaber im Singspiel, Liebhaber und intrigante Rollen im Schauspiel, figurirt; Kübler,
Helden, Liebhaber, anstandsvolle Rollen im Schauspiel, Hülfsrollen im Singspiel, erster Solotänzer;
Hr. Neuhaus, Charakterrollen, zärtliche Alte, komische und polternde Väter, alte Chevaliers, Militairrollen im Schauspiel, zärtliche und komische Alte
im Singspiel; Hr. Stephanie, Militairrollen, bie-
dere Alte, treuherzige Bediente, Bauern im Schau-
und Singspiel; Hr. Schwarz, Helden, Charakterrollen,
gesetzte Liebhaber, Libertins im Schauspiel, Hülfsrollen im Singspiel; Hr. Schmidt, Bediente,
Bauern und einige komische Rollen im Schauspiel, figurirt; Hr. Ullmann, Spitzbuben, Juden
und dumme Jungen; Hr. Wahnke, jugendliche
angehende Liebhaber, figurirt; Hr. Herold, Wirthe
und Bediente, figurirt; Hr. Möller, zweite Liebhaber im Singspiel, Liebhaber im Schauspiel,
figurirt; (Erwartet wird: Hr. Labes, Bouffons

in der Oper, Liebhaber im Schauspiel, vom Strelitz'schen Hoftheater); Hr. Wille, Musikdirector;
Hr. Herzog, Souffleur; Hr. Kübler d. Aelt., Theater-
maler; Hr. Schmidt, Theatermeister; Hr. Röhring,
Garderobier; Hr. Röhl, Theaterfriseur."

Vom Antonitermin bis zum 8. Juli **1795**
gab denn auch **Kübler** hier Vorstellungen, anscheinend jedoch nicht ununterbrochen, denn in
den „Mecklenburgischen Nachrichten, Fragen und
Anzeigen" vom Jahre 1795 (St. 17) findet sich die
Bekanntmachung, daß am 3. März in Schwerin
die allerletzte Vorstellung zum Benefiz des Herrn
Neuhaus stattfinden und Madame Kübler eine
Abschiedsrede halten werde. Allerhöchst war Kübler gestattet worden, in Rostock bis zur letzten
Fastenwoche zu spielen. Der damalige hiesige
Director ministerii Dr. G. Detharding nahm
hieran Anstoß und that Schritte gegen die Schauspielaufführungen während der Fastenzeit, welche
aber um so erfolgloser blieben, als Dethardings
Vorgehen nicht die Billigung seiner Amtsgenossen
fand. Am 3. Juli ging Kübler von hier nach
Doberan, später besuchte er Stralsund, woselbst
er im November die Concession für den Antonitermin **1796** vom Rostocker Rathe erhielt. Das
plötzliche Verschwinden zweier seiner Mitglieder,
des auch in der Oper beschäftigten Charakterspie-

lers Burmeister und der Frau desselben, welche die Partien der Soubretten spielte, [36]) und die Erkrankung seines ersten Tenoristen Helms setzten Kübler jedoch, wie er am 20. Januar 1796 nach hier meldete, außer Stande, zur bestimmten Zeit in Rostock einzutreffen und nöthigten ihn, seine Uebersiedelung nach hier auf etwa 4 Wochen zu verschieben. Während dessen wurde bei einem Rathsmitgliede von Seiten des Postdirectors Hennemann in Schwerin am 29. Januar die Bitte vorgebracht, dem Herrn **Meyer,** welcher Allerhöchst mit der Einrichtung eines Theaters in Schwerin beauftragt war und dort am 4. Januar 1796 die Bühne eröffnet hatte, die Concession für die Zeit des Pfingstmarktes zu ertheilen. Vom hiesigen Rathe wurde darauf erwidert, daß er, bevor eine Entscheidung getroffen würde, das Personalverzeichniß einzusehen wünsche. Unter dem 18. Februar ging ein neues Schreiben des Postdirectors Hennemann ein, welches die Mittheilung enthielt, daß Meyer (wegen schlechter Einnahmen und allzu niedriger Zuschüsse von Seiten des Hofes) die Direction aufgegeben habe,

---

[36]) Diese beiden Mitglieder waren von dem sogleich zu erwähnenden Herrn Meyer, welcher später Bibliothekar in Schwerin war, für das Schweriner Unternehmen gewonnen worden.

seine Gesellschaft aber unter der technischen Leitung des Regisseurs Nöffelt als eine „vereinigte"
fortbestände. Am 22. Februar wurde darauf das
gewünschte Mitgliederverzeichniß eingesandt, und
E. E. Rath ertheilte nunmehr die gewünschte
Concession für die Pfingstmarktszeit unter der
Bedingung, daß die Gesellschaft spätestens 8 Tage
vor dem Pfingstfeste eintreffen würde. Die Vorstellungen, über welche uns leider nichts berichtet
ist, scheinen denn auch zur bestimmten Zeit be-
gonnen zu haben, sie dauerten bis Ende Juni,
worauf ein Theil der Gesellschaft nach Doberan
ging. Nachstehend geben wir das Mitgliederverzeichniß dieser Gesellschaft [37]): „Hr. Ebers, Musikdirector; Hr. Nöffelt, Charakterrollen, Helden, erste
Liebhaber; Hr. Beschort, alternirt mit Nöffelt,
erster Tenorist; Hr. Berling, Chevaliers, zweite
Liebhaber, zweiter Tenorist; Hr. Rudolphus,
zweite Liebhaber, Bauern, zweite Alte, Tenorist;
Hr. Burmeister, Charakterrollen, alle zärtliche und
polternde Alte, alternirt mit Berling in der Oper;
Hr. Schüler d. Aelt., erste komische Alte im Schauspiel und in der Oper; Hr. Schüler d. J., komische Bediente, intrigante Rollen, Bouffons in
der Oper, komische Alte im Schauspiel; Hr. Mül-

---

[37]) Vgl. Bärensprung pag. 162.

ler, Bouffons in der Oper, Charakterrollen im
Schauspiel; Hr. Walter, edle Charaktere, Militair-
und Ritterrollen; Hr. Sievers, Tenorist; Hr.
Herzog, Souffleur; Hr. Hieber, Hoffeuerwerker, ist
von Sr. Durchl. bei der fürstl. Garderobe und
dem Theater als Inspector angestellt; Mad. Beschort, erste Sängerin; Mad. Müller, zweite Sängerin, erste Liebhaberin im Lust- und Trauerspiel,
naive Mädchen; Mad. Rudolphus, zweite Liebhaberin im Lust- und Trauerspiel; Mad. Rösselt,
dritte Liebhaberin, naive Mädchen; Mad. Clodius, Anstandsrollen und edle Mütter; Mad.
Walter, dritte Sängerin, kom. Mütter, Damen
von Stande; Mad. Burmeister Soubretten,
Bäuerinnen; Dem. Walter, junge Mädchen, Kinderrollen." — Vier Regisseure aus der Gesellschaft
leiteten die Geschäfte und mußten alle Monat
genau Rechnung ablegen. Als Intendant dieser
Gesellschaft fungirte Se. Exc. der Hr. Geh. Rath
von Dorne. Von Pfingsten bis Ende Juli 1796
stand also das Theater in Rostock zum ersten
Male wirklich unter der Leitung eines Inten-
danten. Der noch immer in Stralsund befindliche
Kübler, dem durch die Concessionirung der
Schweriner Gesellschaft die Möglichkeit abgeschnit-
ten war, während des Pfingstmarktes in Rostock
zu spielen, erbat und erhielt im Februar die Er-

laubniß, von Oſtern bis Pfingſten hieſelbſt Vorſtellungen geben zu dürfen, welche Erlaubniß er
jedoch aus dem Grunde nicht benutzen konnte,
weil er im April ſein Theater an ſeinen Gläubiger, den Kaufmann Klünder in Stralſund, ab-
treten mußte. Für Rechnung dieſes Stralſunder
Kaufmanns ſetzte darauf Kübler ſein Geſchäft fort
und beſuchte im Herbſte 1796 Roſtock auf's Neue.
Seine Vorſtellungen dauerten vom 1. September
bis 28. October, worauf die Geſellſchaft einem
Rufe an das Strelitzer Hoflager Folge leiſtete.
Die Kübler'ſche, richtiger Klünder'ſche, Geſellſchaft
machte hier entſetzlich ſchlechte Geſchäfte, denn
während ihres hieſigen zweimonatlichen Aufenthaltes wurden nach der Berechnung des Caſſiers
des Herrn Klünder, eines Herrn Fritz, 524 Thlr.
7 ßl. zugeſetzt.

Im Namen der **„neu organiſirten Schweriner Schauſpielergeſellſchaft"**, deren Intendant und Regiſſeur aber derſelbe geblieben,
erbat am 7. November 1796 der Hoffeuerwerker
Hieber vom Roſtocker Magiſtrate die Erlaubniß
für die Pfingſtmarktszeit **1797.** Die Geſellſchaft erhielt die gewünſchte Conceſſion, und Kübler, welcher im Februar 1797 an E. E. Rath das
Anſuchen ſtellte, ihm zu geſtatten, von Oſtern
bis Johannis 1797 hier zu ſpielen, wurde ab-

schläglich beschieden. Das Personalverzeichniß, welches die Schweriner Gesellschaft mit ihrem Gesuche beim hiesigen Rathe einreichte, führte folgende Mitglieder auf: Hr. Rössel, Bio, Huber d. Aelt., Huber d. J., Burmeister, Heinze, La Roche, Röggle, Walter, Braun; Mad. Rathke, Müller, Huber, Heinze, Röggle, Clodius, Rössel, Burmeister.

Für den Antonitermin 1797 wurde ein Director **Rudolphus,** welcher am Ende des Jahres 1796 in Wismar spielte, hier zugelassen. Seine Gesellschaft bestand aus 17 Mitgliedern, und befanden sich 7 Künstlerehepaare in derselben.

Die **Schweriner Schauspielergesellschaft** eröffnete am 6. Juni 1797 ihre Vorstellungen im hiesigen Schauspielhause mit einem vom Hrn. Friedrich Piper gedichteten und vom Hrn. Rössel vorgetragenen Prolog und spielte dann bis Ende des Monats, um welche Zeit sie sich nach Doberan begab. Die damaligen Mitglieder derselben waren: Hr. und Mad. Rössel, Hr. und Mad. Burmeister, Hr. und Mad. Müller, Mad. Clodius, Hr. und Mad. Heinze, Hr. Schwarz, Hr. Krickeberg, Hr. und Mad. Plothow, Hr. Recke, Hr. Justel, Hr. und Mad. Seebach, Dem. Eigensatz, Hr. Braun und Hr. Hauthal.

Für die Pfingstmarktszeit **1798** erhielt wiederum

die **Schwerin'sche Gesellschaft** hier Concession.
Ihre Bitte, ihr auf unbestimmte Zeit Concession zu ertheilen, wurde, so lange die Gesellschaft aus Herzoglicher Casse salarirt werde, ab-
geschlagen. Intendant war auch in diesem Jahre
noch Se. Exc. der Herr Oberkammerherr, Geh.
Rath v. Dorne, die Regie führten die Herren
Nössel, Burmeister und Heinze, die Kassenver-
waltung besorgte der Hoffeuerwerker und Theater-
inspector Herr Hieber. Das Personalverzeichniß
war folgendes: „Hr. Braun, alte Bediente und
Nebenrollen; Hr. Burmeister, Charakterrollen,
zärtliche und komische Alte, intrigante Rollen,
zweiter Tenor; Hr. Deichmann, Vertraute ꝛc., erster Tenor; Hr. Heinze, Alte und Bauern, Baritonist; Hr. Kruse, komische und zärtliche Alte,
zweiter Bassist; Hr. Krickeberg, erste und zweite
Liebhaber, Franzosen; Hr. Müller, komische Bediente und Alte, Baritonist; Hr. Nössel, Charakterrollen, Helden, gesetzte Liebhaber; Hr. Recke, Bon-
vivants, naive Bursche und Dümmlinge; Hr. Seebach, komische Bediente, dritter Bassist; Hr. Vett-
weiß, Soldaten, Bauern, alte Officiere, erster
Bassist; Mad. Burmeister, Nebenrollen; Dem.
J'aime, zweite Liebhaberinnen, naive Mädchen,
erste Sängerin; Mad. Heinze, zweite Liebhaberinnen,
Soubretten, zweite Sängerin; Mad. Koch, erste

Liebhaberin im Lust- und Trauerspiel, junge Damen, sang nur solche Rollen, die durchaus gut gespielt werden müssen; Dem. Koch, Kinderrollen; Mad. Kruse, geschwätzige Weiber, junge Mütter, dritte Sängerin; Dem. Kruse, junge Bauermädchen, Knabenrollen; Mad. Rösselt, Soubretten; Mad. Seebach, zweite Mütter; Mad. Clodius, erste komische und zärtliche Mütter; Dem. Sellenschlo naive Liebhaberinnen, unschuldige Mädchen, zweite Sängerin; Hr. Berwald, Musikdirector."

Von Rostock siedelte die Gesellschaft in den ersten Tagen des Juli nach Doberan über.

Im Anfange des Februarmonates **1799** suchte diese **Schwerin'sche Gesellschaft** bei E. E. Rath auf's Neue die Concession für die Zeit von Pfingsten bis zum Beginne der Doberaner Badesaison nach, indem sie sich gleichzeitig entschuldigte, daß sie im voraufgegangenen Winter von der ihr für Rostock ertheilten Concession nicht Gebrauch gemacht habe und von Stralsund nicht hieher gekommen sei; wegen der erwarteten Ankunft der fürstlichen Herrschaften aus Gotha wären sie nach Schwerin berufen worden und hätten somit ihren ursprünglichen Plan nicht auszuführen vermocht. Der Magistrat ertheilte ihnen die Erlaubniß, und die Gesellschaft gab hier von Pfingsten bis zum 26. Juni ihre Vorstellungen. Sie spielte in diesem Jahre zugleich zum letzten Male in Rostock, denn im Herbste des Jahres 1799 wurde diese seit vier Jahren auf Herzogliche Rechnung erhaltene Gesellschaft aufgelöst.

Während des Antonitermins **1800** ward einer italiänischen **Pantomimen - Spieler-gesellschaft** unter Direction eines Herrn Casorti das Schauspielhaus zur Benutzung bewilligt, und ihretwegen die Ueberkunft des Directors Carl Döbelin aus Stralsund im Anfange des Jahres 1800 abgelehnt[39]).

Ein von dieser Gesellschaft für den 7. Februar ausgegebener Zettel liegt uns vor und theilen wir den Wortlaut desselben nachstehend mit:

„Mit Obrigkeitlicher Erlaubniß:

Die vereinigte Gesellschaft
Italiänischer pantomimischer Tänzer,
die bereits an den vorzüglichsten Höfen in Europa
sich mit Beyfall gezeigt hat,
wird die Ehre haben,
unter der Direction des Herrn Casorti
Freytag, den 7. Februar 1800
ihre Vorstellungen zum dreyzehntenmale zu geben,
und zwar wird dieselbe
aus 5 verschiedenen Abtheilungen bestehen,

---

[39]) Vgl. Bärensprung pag. 169.

wovon sich die letzte
mit einer komisch-pantomimischen Vorstellung endigt,
betitelt:
Harlequin und Kolumbine,
als von Tartaren verkaufte
Sclaven, geziert mit Verwandlungen und Tänzen.

Die Demoiselle Victoria Vidali wird zum erstenmale eine Anzahl equilibrischer Stücke auf dem Drathe machen.

Herr Antonius Damour mit seiner Gesellschaft, werden zum erstenmale verschiedene Gruppen und Piramiden formiren, und er wird alles tragen auf seine Hände und Füsse bis zu einer Höhe von 24 Fuß, welches hier noch nie gesehen ist.

Mademoiselle Therese Casorti wird zum erstenmale einen englischen Tanz nach dem Tact der Musik tanzen.

Namen:

Herr Lorenzo Ferzi.
— Joseph Casorti.
— Giovani Casorti.
— Antonius Damour.
— Felippo Petoletti.
— Carl Petoletti.
— Giovani Petoletti.
— Giovani Pilone.

Herr Peter Magrini.
Madem. Victoria Vidali.
— Theresia Casorti.
Madame Lucia Ferzi.
— Serafina Ferzi.
— Francisca Amore.
— Rosalia Vidali.

Die Herren Studenten werden ersucht, sich beym Eingang der weißen Kokarden zu bedienen. Es werden alle Besuche bey der Vorstellung auf dem Theater verbeten. Billets sind von des Morgens bis Nachmittags auf dem Ballhause zu haben.

Preise der Plätze:

Loge 16 ßl. Parquet 12 ßl. Parterre 8 ßl. Gallerie 4 ßl.

Der Schauplatz ist im Comödienhause.

Der Anfang ist heute um 5½ Uhr.

Herr Casorti der Jüngere ist gewilliget Unterricht in der Tanzkunst zu geben, wer genüge hat solchen zu nehmen, der beliebe sich bey ihm auf dem Ballhause zu melden."

In der Pfingstmarktszeit desselben Jahres gab hieselbst die Gesellschaft der Herren **Heinze und Ohlhorst** als „Schwerin'sche Schauspielergesellschaft" Vorstellungen und traf am 1. Juli von Rostock in Doberan ein.

Im November des Jahres **1800** ertheilte E. E. Rath der Gesellschaft der Herren **Hansing** und **Fr. Lösch** die Erlaubniß, hier von Weihnachten bis Fastnacht zu spielen. Die Gesellschaft kam jedoch nicht nach Rostock, sie war von Güstrow, wo sie zuletzt Vorstellungen gegeben hatte, mit Schulden beladen nach Stralsund gegangen, wo für sie bald die Stunde der Auflösung schlug.

Am Ende des 18. Jahrhunderts treffen wir auch einige **Liebhabertheatergesellschaften** in Rostock an. So hatte sich im Winter 1798/99 unter der Leitung der Herren Justizrath Passow, Dr. Burchard und Lieutenant Kossel eine Gesellschaft gebildet, welche auf dem Wege der Subscription die erforderlichen Mittel für 6, im hiesigen Schauspielhause mit größtem Beifalle gegebene Dilettantenvorstellungen zusammen brachte. Auch für den Winter 1799/1800 wurden 6 solche Vorstellungen intendirt und Abonnenten für dieselben gesammelt. Aus mancherlei Gründen kamen jedoch nur 3 Vorstellungen[39]) zu Stande. Der dadurch entstandene Kassenvorrath von beinahe 300 Thlr. wurde durch Majoritätsbeschluß

---

[39]) Von einer dieser Vorstellungen liegt uns ein Zettel vor. Nach demselben wurde am 20. November 1799 gegeben: „Die silberne Hochzeit", Schauspiel in 5 Acten von Kotzebue. Aus dem Umstande, daß, wie der Zettel besagt, diesem Schauspiele ein Prolog voraufging, schließen wir, daß diese Vorstellung die erste dieses Winters war. Interessant ist noch folgende Bemerkung auf dem Zettel: „Beliebter maaßen unterbleibt jede laute Bezeugung des Beyfalls und Mißfallens, und jeder Besuch des Theaters von Personen, die dort keine Geschäfte haben."

der Subscribenten den hiesigen Armen über-
wiesen.

Wir bemerken sofort an dieser Stelle, daß sich
auch im Jahre 1801 eine Anzahl von Dilettanten
unter einem andern Vorstande als dem bisherigen
zu theatralischen Aufführungen verband, deren
Ertrag gleichfalls den Rostocker Armen zufallen,
resp. zur Begründung eines Fonds für eine hier-
orts damals noch gänzlich fehlende Armenanstalt
dienen sollte. Das Statut dieser Gesellschaft ist
im „Patriotischen Archiv" 1801. I. Band. Zwei-
tes Stück, pag. 180 abgedruckt und geben wir es
nachstehend wieder:

„1) Die Gesellschaft des Liebhabertheaters
bleibt, wie sie jetzt ist, geschlossen. Jedes Mitglied kann aber stets, wenn es will, ausscheiden.
Möchten sich einige zur Reception in dieselbe
melden, so muß ihre Anzahl wenigstens zehn be-
tragen, und sind alsdann wegen der neuen Aufnahme nähere Bestimmungen zu treffen.

2) Zur Erhaltung dieser Gesellschaft sind 3 Ab-
ministratoren, ein Rechnungsführer, ein Inspicient
und 3 Revisoren erforderlich. Erstere und letztere
werden auf fünf Jahre von dem Plenum, der
Rechnungsführer und Inspicient aber von der
Administration erwählt.

3) Die Administratoren sorgen im Allgemeinen

für die Erhaltung und Direction des Ganzen, sowie auch für die thunlichst größte Einnahme und Abwendung eines jeden Schadens der Casse. Der Rechnungsführer erhält und zahlt das Geld der Gesellschaft nach Anweisung der Administration aus; der Inspicient besorgt besonders die Erhaltung der Decorationen, und die Revisoren nehmen jährlich acht Tage vor Pfingsten die geführte Rechnung auf. Im Fall hierbei und besonders wegen der von den Administratoren besorgten, von den Revisoren aber nicht gebilligt werdenden Verleihung eines oder mehrer Capitalien zwischen ihnen verschiedene Meinung eintritt, wird ans Plenum gegangen, welches hier, wie in allen übrigen streitigen Fällen, durch die Pluralität entscheidet.

4) Eine jede Gesellschaft, die geneigt ist, eine Vorstellung zu geben, formirt sich nach ihren Gefallen selbst und allein, ohne Zuthun und Einmischung irgend eines Dritten, nur müssen wenigstens drei Mitglieder des Liebhabertheaters mitspielende Personen sein. Kinder oder Geschwister gelten hierbei für Mitglieder selbst.

5) Einer solchen Gesellschaft werden die Decorationen, in soweit sie erforderlich und vorhanden sind, zu ihrem Gebrauch unter Aufsicht des Inspicienten unweigerlich verabfolgt.

6) Sie allein bestimmt das Stück, die Verthei-
lung der Rollen unter sich, den Tag und alles,
was zur Aufführung dieser einzelnen Vorstellung
in Rücksicht des Theaters erforderlich ist; jedoch
erwählen sich die Administratoren zwei einzelne
mitspielende Personen, an denen allein sie sich
Namens der Gesellschaft halten, wenn wider Ver-
hoffen etwas Verantwortliches vorfiele.

7) Einem jeden Mitgliede des Liebhabertheaters
werden 4 Billets, 2 zu den Logen oder dem Parquet und 2 zum Parterre oder der Gallerie, und zwar
jene das Stück zu 24 fl., diese zu 16 fl., offerirt,
und stehet es dann einem jeden frei, sie alle oder
so viele von ihnen zu nehmen, wie ihm gefällig
sind. Es dürfen aber keine andere darauf in die
Vorstellung gehen, als die Interessenten selbst
und ihre bei ihnen im Hause sich befindenden
Anverwandten, welche gleich in der Anfrage-Mis-
sive anzuzeigen sind, damit die Billets auf sie
ausgefertigt werden.

8) Die auf diese Weise nicht engagirt werdenden Billets erhält die spielende Gesellschaft zur
beliebigen Ueberlassung an ihr annehmliche Personen, auch Freunde, gegen obigen Preis und
unter obiger Bedingung.

9) Kurz vor dem Anfang der Vorstellung werden von der spielenden Gesellschaft den Admini-

ſtratoren die übrig gebliebenen Billets zum Caſ-
ſiren und das Geld für die weggegebenen mit
dem Namensverzeichniſſe ihrer Empfänger zuge-
ſtellt.

10) Von den Spielenden werden 2 anſtändige
Perſonen erwählt, die mit den Adminiſtratoren
den richtigen Empfang der Billets bei der Entree
beſorgen, damit niemand eingelaſſen werde, auf
deſſen Namen das Billet nicht lautet.

11) Freibillets werden gar nicht ertheilt, jedoch
bleibt die untere Seitenloge für die Adminiſtra-
tion und für die das Mal ſpielende Geſellſchaft re-
ſervirt.

12) Von dem eingegangenen Gelde a. läßt ſich
die ſpielende Geſellſchaft ſo viel von den Adminiſtratoren auszahlen, als durch Quittungen erweis-
lich zur Aufführung erforderlich geweſen und aus-
gegeben iſt. Hiervon ſind ſelbſt neue, unentbehr-
lich geweſene Decorationen und charakteriſtiſche
Kleidungsſtücke nicht ausgenommen, welche aber
ſodann dem Liebhabertheater anheim fallen, und
überdies b. muß die Geſellſchaft von Anfang die
Berechnung darauf anlegen, daß von jeder Vorſtellung wenigſtens 50 Thlr. übrig bleiben.

13) Es wird dieſer und alſo ein jeder Ueber-
ſchuß von 50 und mehren Rthlrn. von einer
jeden Vorſtellung zuſammt dem noch vorräthigen

Gelde gegen sichere Hypothek zinsbar verliehen,
und mit dieser Sammlung und Verwaltung so
lange fortgefahren, bis dereinst hier nach dem
Vorgange anderer Städte, besonders Schwerins,
eine zweckmäßige Armen-Versorgung errichtet
wird, zu deren Grundlage die alsdann gesammelte,
nicht unbeträchtliche Summe benutzt und hinge-
geben werden soll.

14) Der Cassenzustand wird am Schlusse eines
jeden Jahres in den Zeitungen bekannt gemacht.
Rostock, im Monat Februar 1801.

Am 11. März 1801 wurde die erste Vorstellung
gegeben, nämlich Iffland's Schauspiel „Die
Jäger", am 23. desselben Monats die zweite:
„Stille Wasser sind tief", Lustspiel von Schröder
und („zum Nachspiel") „Die Gefangenen" von
Kotzebue.

Am 11. October 1801 wurde in den „hiesigen
Zeitungen" bekannt gemacht: „Fast gesammte
Mitglieder des hiesigen Liebhabertheaters haben
im verflossenen Winter ihren Antheil, welchen sie
an der Casse des Liebhabertheaters hatten, dazu
bestimmt, daß dieses Vermögen zugleich mit dem-
jenigen, was von Zeit zu Zeit durch einzelne
Vorstellungen erübriget würde, so lange, bis hieselbst eine schon längst bezielte, neue Armenver-
sorgung eingeführet sein wird, zinsbar ausgeliehen

7

und berechnet, sodann aber dieß gesammte Capital
derselben zu ihrer desto leichteren Einrichtung gewidmet werden solle. Der Kassenvorrath bestand
aus 240 Rthlr. Seit der Zeit sind von einigen
Mitgliedern der Gesellschaft 2 Vorstellungen gegeben, und für jeden Platz in den Logen und
im Parquet 24 ßl. und im Parterre 16 ßl. bezahlt.
Die erste hat einen Ueberschuß von 112 Rthlr.,
die zweite von 69 Rthlr. geliefert. Auf diese
Weise sind schon jetzt 400 Rthlr. zusammen gebracht, und seit Trinitatis dieses Jahres zinsbar
verliehen. — Diese Einrichtung des Liebhabertheaters dauert fort, und man darf also erwarten,
daß, wenn einmal jene zu wünschende Armenver-
sorgung zu Stande gebracht sein wird, das Liebhabertheater vermögend sein werde, ihre erste
Einrichtung durch eine nicht unbedeutende Summe
zu erleichtern. Die erste Vorstellung dieser Art,
nämlich Die Corsen, mit dem Nachspiele
Der gutherzige Alte, wird am 14. d. M.
gegeben, und es wird ein jeder, der Gelegenheit
hat, in dieser oder einer der nachfolgenden Vorstellungen durch Vor- oder Beytrag dieses so an-
genehme als wohlthätige Institut zu befördern,
ersucht, es hieran nicht ermangeln zu lassen."[40]

----

[40] Vgl. Patriotisches Archiv. I. Jahrgang 1801.
II. Bd. 11. Stück, pag. 183. Von der Vorstellung

Die Vorstellung am 14. October war denn
auch recht zahlreich besucht, und wurde eine Einnahme von 134 Rthlr. 32 ßl. erzielt, von welcher
nach Abzug von 63 Rthlr. 35 ßl. für zwei neue
Decorationen 70 Rthlr. 45 ßl. zu dem gedachten
Zwecke verwendet wurden. Diese Vorstellung ist
zugleich die letzte, von der wir etwas wissen.
Wie edel auch der Zweck dieses Institutes, wie
ernst es auch den verbundenen Kunstfreunden
mit ihrer Sache war — das vorhin mitgetheilte
Reglement zeugt dafür — so ging das Unternehmen doch bald zu Grunde aus den Ursachen,
welche den Ruin aller Liebhabertheater herbeizu-
führen pflegen, aus Eifersucht, Neid, Mangel an
Harmonie unter ten Mitgliedern. Schon 1798
hatte in dieser Beziehung ein Anonymus in der
„Monatsschrift von und für Mecklenburg" die
nachfolgende, leider unbeachtet gebliebene poetische
Warnung ergehen lassen:

„Wenn von blumenreichen Matten
Zephyr längst hinweggeeilt,

---

am 14. October: „Die Corsen", Schauspiel in 4 Acten
von Kotzebue, und „Der gutherzige Alte", Schauspiel
in 1 Act, ist uns ein Zettel zu Gesicht gekommen.
Auch hier werden wieder alle Bezeugungen des Bei=
falls und Mißfallens, sowie alle Besuche auf der
Bühne verbeten.

7*

In des Buchhains heil'gen Schatten
Filomele nicht mehr weilt,
Voller Aehren gold'ne Wellen
Längst der Schnitter abgemäht,
Und zu neuen Hoffnungsquellen
Seine fleiß'ge Hand gesä't;
Wenn des Weinstocks süße Traube
Winzerinnen schon gepflückt,
Und man von der Rosenlaube
Dürre Reste nur erblickt;
Boreas den kalten Flügel
Ueber öde Fluren streckt,
Und den anmuthsvollen Hügel
Glänzender Krystall bedeckt:
Wäre jede Luft verschwunden,
Trotz des eitlen Städters Kunst,
Schenkte anmuthsvolle Stunden
Nicht der Piëriden Gunst.
Denn den Silberton der Saiten,
Holder Dichtkunst Zauberei'n,
Und die Tanzkunst selber weihten
Sie zur höhern Freude ein.
Dennoch sind die lieben Mädchen
Manchem nur zu unbekannt,
Und besonders unserm Städtchen
Gar gewaltig abgewandt.
Wenn Terpsichore auch harrte,

Weilten doch die Schwestern nicht,
Weil die Whist- und Boston-Karte
Ihnen kein Asyl verspricht.
Auch Thalia selber wagte
Selten einen scheuen Blick,
Und, weil es ihr nie behagte,
Floh sie muthlos stets zurück.
Dank Euch, die Ihr sie zu söhnen,
Einen Altar jetzt geweiht,
Und das edle Werk zu krönen,
Selbst die Opferpriester seid!
Möge sie mit Wohlgefallen
Stets auf Euren Weihrauch seh'n;
Aus den ihr geweihten Hallen
Nie mit Unmuth weiter geh'n!
„Denn die sanften Huldgöttinnen
„Lieben Eintracht, Harmonie,
„Zank entweiht die Priesterinnen,
„Priester-Zorn verscheuchet sie.
„Darum, Freunde, nehmt's zur Lehre:
„Lasset Eure Zänkerei'n,
„Sollen ferner Euch zur Ehre
„Musen Euch gewogen sein!"

Wie gesagt, das Unternehmen erreichte bald
sein Ende. Das gewonnene Capital, welches
461 Rthlr. 6 fl. betrug, wurde nach einer Bekanntmachung der Direction vom 6. März 1804

dem indessen errichteten Armeninstitute, für welches es, wie wir oben sahen, ja von Anfang an
bestimmt war, übergeben.[41]

Gleichfalls im Jahre 1801 und zwar am
2. Januar wurde von einer „Gesellschaft guter
Freunde" im Schauspielhause wiederum zum
Besten der Armen das Kotzebue'sche Singspiel
„Der Eremit auf Formentera" nach einer neuen
Composition des Herrn Nisle jun., eines Stu-
direnden, aufgeführt. Herr stud. Babst spielte
den Eremiten, Herr Notar Fick den Fernando,
Mlle. Mühlenbruch die Selima, Herr Hirt den
Don Pedro, Herr stud. Michel (Micheld?) den
Hassan und Herr stud. Mühlenbruch den Pedrillo.
Das Haus war dicht besetzt, und die Vorstellung
gefiel im Allgemeinen recht gut. Dasselbe Stück
wurde am 11. Februar wiederholt. Weiter wurde
gegeben: (am 7. Mai) „Die heimliche Ehe[42]";

---

[41] Patriotisches Archiv. 1804. Bd. VI. I. Stück.
pag. 173. Anmerk.

[42] Auch von dieser Vorstellung liegt uns ein
Zettel vor. Die aufzuführende Oper wird hier be-
titelt: „Die heimliche Ehe. Eine komische Oper in
4 Aufzügen, nach dem Italienischen des Bertati, noch
Manuscript; die Musik ist von Cimarosa". Die
Preise der Plätze waren: Loge 24 hl. Parterre 16 hl.
Gallerie 8 hl. Billette waren im Hause des Herrn
Mühlenbruch und an der Casse zu haben.

(am 28. September) „Maske für Maske" von
Junger und „Der Freibrief", Oper in 1 Act;
(am 28. October) „Die Tochter der Natur",
Schauspiel in 3 Aufzügen von August Lafontaine
und „Inkle und Yariko oder: Er war nicht ganz
Barbar", Singspiel in 1 Act (zu dieser Vorstellung componirt vom Herrn Musikdirector Ebers) [43].
Die Einnahmen aller dieser Vorstellungen deckten
aber die Kosten nicht. Der Grund hiervon lag
in der Geschäftsunkenntniß der Unternehmer.
Während die Veranstalter der früher erwähnten
Dilettanten - Vorstellungen sich die Kosten durch
vorhergegangene Subscription gesichert hatten,
fingen diese „Freunde des Gesanges" die Sache
ohne jegliche Garantie an, und während jene sich
auf die Darstellung von Schau- und Lustspielen
beschränkt hatten, befaßten sich diese auch mit der
Aufführung von Opern, deren Inscenesetzung
natürlich weit größere Kosten verursachte. Endlich
war man auch wohl in mancher Beziehung zu
liberal. So hatte Herr Nisle die Musik zum
„Eremiten" „aus Gefälligkeit" componirt, man
gab ihm aber trotzdem „ein kleines Douceur"
von 20 Thlr. Die Kosten für das Ausschreiben

---

[43]) Von dieser Vorstellung haben wir gleichfalls
einen Zettel gesehen.

der Noten beliefen sich auf 30 Thlr., die Anfer-
tigung einer neuen Decoration kostete 62 Thlr.
Im Ganzen betrugen die Kosten für die erste
Vorstellung 214 Thlr. und eingenommen wurden
201 Thlr., es blieb also ein Deficit von 13 Thlrn.
In der zweiten Vorstellung wurden 86 Thlr.
eingenommen, die Kosten betrugen 116 Thlr., es
fehlten also 30 Thlr. Hier muß aber bemerkt
werden, daß zu den 116 Thlr. Kosten auch 25
Thlr. gehörten, welche den Armen, für deren
Wohl man ja überhaupt thätig sein wollte, über-
wiesen waren. Die dritte Aufführung, zu welcher
man namentlich wegen Anschaffung einer neuen
Decoration einen Kostenaufwand von 230 Thlrn.
gemacht hatte, erzielte eine Einnahme von 102
Thlrn. Bei der vierten Darstellung gingen 168
Thlr. zu wenig ein. Bei der fünften Vorstellung
schränkte man sich möglichst ein, die Mitglieder
beschafften sich ihre Anzüge aus eigenen Mitteln,
und so wurde denn ein Ueberschuß von 29 Thlr.
42 ßl. gewonnen, den man zur Abtragung der
Schulden verwandte. Durch die Vorstellung am
28. October, die letzte uns bekannt gewordene,
erzielte man einen Ueberschuß von 10 Thlrn. 12 ßl.,
es wurde also wieder eine kleine Abminderung der
Schuld erreicht.

Die Unkosten dieser Vorstellung waren:

Dem Notenschreiber · . . 9 Thlr. 18 ßl.
An die Musici . . . . 16 „ 24 „
Maler . . . . 5 „ — „
Theatermeister . . . . 16 „ 16 „
Beleuchtung . . . . . 6 „ — „
Frijeurs . . . . . . 2 „ 40 „
Schminke . . . . . . 1 „ — „
Wache (welche auch mit-
spielte) . . . . . . 2 „ — „
Druckerei . . . . . . 2 „ 8 „
Hausmiethe . . . . . 5 „ 8 „
Concession . . . . . 1 „ 8 „
Zettelträger und Billet-
abnehmer . . . . . 1 „ 32 „
Die Missive herumzutragen 2 „ — „
Im Buchladen . . . . — „ 16 „
Notenpapier . . . . . — „ 42 „
An die Bursche des Stadt-
musikus . . . . . — „ 16 „
                    Summa 72 Thlr. 16 ßl.
    Die Einnahme war 83 „ — „
Es blieben demnach in Kassa 10 Thlr. 12 ßl.

So hatten denn die verbundenen Dilettanten
für ihren guten Zweck wenig zu thun vermocht
und sich um desselben willen noch große Geld-

opfer auferlegt. Diese Mißerfolge führten denn sehr bald die Auflösung der Gesellschaft herbei. Ausführlicheres über dieses Unternehmen, besonders auch über die Kosten der einzelnen Vorstellungen, findet sich im „Patriotischen Archiv" 1801. Bd. II. II. Stück, pag. 187—192.

Ueberblicken wir, an's Ende des 18. Jahrhunderts gelangt, flüchtig noch einmal die bisherigen dramatischen Vorstellungen in Rostock, so bietet sich unserm Auge ein wechselvolles Bild dar, und durch seine Aehnlichkeit mit dem Bilde, welches das ganze deutsche Theater in eben denselben Zeiträumen zeigt, gewinnt dasselbe ein erhöhetes Interesse. Wie den Ursprung und die Entwickelung, so theilt das Rostocker Theater mit dem allgemeinen deutschen Theater alle Leiden und Freuden des letzteren auf seinem Entwickelungsgange. Mutter und erste Pflegerin des Schauspieles in Deutschland ist bekanntlich die Kirche, geistliche Schauspielaufführungen bezeichnen den Anfang des deutschen Theaters. So auch hier. Geistliche oder doch von diesen beeinflußte Laien waren wahrscheinlich die Veranstalter der ersten uns bekannt gewordenen dramatischen Aufführung in Rostock. Wir haben bei Besprechung derselben die von den Herausgebern des „Etwas von gelehrten Rostock'schen Sachen", denen wir die

Nachricht über diese erste dramatische Darstellung verdanken, ausgesprochene Ansicht über die
Darsteller dieses geistlichen Spieles einfach repro-
ducirt und wollen auch hier die Annahme derselben, daß Studenten die ersten Schauspieldarsteller
in Rostock gewesen, nicht als geradezu irrig zu-
rückweisen. Erinnert man sich aber, daß an andern Orten Mönche resp. unter Zuziehung ihrer
Schüler zuerst solche geistliche Spiele zur Aufführ-
rung brachten, und bedenkt man weiter, daß in
Rostock gerade Mönche (die Michaelisbrüder)[44]

---

[44]) Die Michaelisbrüder hatten ihren Sitz in
dem heutigen Wollmagazine an der Blücherstraße.
Ueber ihre Thätigkeit als Buchdrucker finden sich in
dem „Etwas von gelehrten Rostock'schen Sachen".
Bd. IV. pag. 529, ausführliche Mittheilungen. Es
mag in dieser Beziehung jedoch hier bemerkt sein,
daß sich in unserer Universitätsbibliothek noch ein von
diesen Mönchen gedrucktes Werk befindet. Uebrigens
scheinen die Michaelisbrüder in inniger Beziehung
zur Universität gestanden zu haben, und somit könnten
von ihnen zu dieser Aufführung vielleicht auch Studenten herangezogen sein. Wie schon vorhin ange-
deutet, ließen ja überhaupt die Geistlichen auch Laien
active Theilnehmer an solchen Schauspielaufführungen
sein. Es ließe sich daher unsere Ansicht mit der-
jenigen der Herausgeber des „Rostock'schen Etwas"
wohl vereinen. Die Annahme der letzteren in Be-
treff der Zeit wird wohl die richtige sein und gewinnt
bei Richtigkeit unserer Meinung über die Veranstalter und Darstellenden nur an Wahrscheinlichkeit.

die erften Buchdrucker und als folche vor Allen
im Stande waren, etwas Gedrucktes über eine
von ihnen intendirte Schauspielaufführung an die
Oeffentlichkeit gelangen zu laffen, fo dürfte es
nicht allzu ungerechtfertigt fein, wenn wir anneh-
men, daß Mönche und zwar jene Michaelisbrüder
oder „Brüder vom gemeinfamen Leben" die hier
in Rede ftehende dramatifche Aufführung veranftaltet haben. Die ganze Einrichtung diefes
Mönchsordens, die Zufammenfetzung und Tendenz
deffelben machen dies wahrfcheinlich. — Aus den
Händen der Geiftlichen geht alsdann das Schaufpiel über in die der Gelehrten an Schule und
Univerfität. Die Zöglinge beider Bildungsan-
ftalten verfuchen fich in der Darftellung von ihrem Stoffe nach bald der biblifchen Gefchichte,
bald der heidnifchen Sage entlehnten Schaufpielen
oder der Komödien antiker Dichter. Ihren Ur-
fprung verleugnen diefe Darftellungen in fofern
nicht, daß fie im Anfange wenigftens noch in den
Räumen der Kirche ftattfinden. Das in das
Schaufpiel eingedrungene heidnifche Element ver-
wehrt aber bald dem erfteren den Eintritt in die

(Ueber die Michaelisbrüder und ihre im Allgemeinen
mehr weltliche Richtung bitten wir das „Roftock-
fche Etwas", Bd. III., 355, 407, 647. IV. 630. V.
671. VIII. 121 zu vergleichen.)

Kirche, das Schauspiel muß sich in's Colleg oder
in die Schulräume zurückziehen, von wo es nur
bei festlichen Gelegenheiten (dem Einzuge von
Fürsten u. s. w.) an die große Oeffentlichkeit her-
austritt. Die Herausgeber des mehrfach erwähnten „Etwas von gelehrten Rostock'schen Sachen"
sagen über diese dramatischen Aufführungen durch
Studirende: „Kamen fremde große Herren oder
auch besonders die Landesfürsten in die Stadt,
so war gleich die Frage: Was für eine Comödie
man zu Ehren machen wollte; Rector und Concilium kamen von selbst darauf, oder sie waren
auch ersucht von jemand, der sich dadurch eine
Gnade zu erwerben gedachte". Die in den Jahren 1558, 1573 und 1576 veranstalteten öffentlichen
Schauspielaufführungen werden demnach wohl
von Studenten oder Schülern veranstaltet sein.
Als Darsteller der 1600 aufgeführten lateinischen
Komödie „Cornelius relegatus" vom M. Wichgrevius dürfen wir wohl unbedenklich Studenten an-
nehmen. Ob nicht neben diesen und den Schülern sich wie in andern deutschen Städten auch
hier die Handwerkerzünfte mit Schauspieldarstel-
lungen befaßt haben, müssen wir dahin gestellt
sein lassen. Die dramatischen Aufführungen auf
Schulen und Universitäten dauerten noch lange

fort, nachdem längſt ſchon die Schauſpielkunſt zu
einem „Gewerbe im Umherziehen“ geworden war,
und nahmen ſeit der Reformation ſogar einen polemi-
ſchen Charakter an. Als letzte Ausläufer derſelben
dürften vielleicht die vorzugsweiſe von Studirenden veranſtalteten Dilettantenaufführungen gegen
und am Ende des 18. Jahrhunderts betrachtet
werden, während andererſeits das ſo originelle
Roſtocker Bediententheater vielleicht als ein Nach-
klang der freilich nicht erwieſenen, aber immerhin
möglichen dramatiſchen Aufführungen durch Hand-
werker aufzufaſſen wäre.

Von wandernden Berufsſchauſpielern waren,
wie ſeiner Zeit von uns ausführlich berichtet iſt,
die ſogenannten engliſchen Komödianten die erſten,
welche Roſtock beſuchten. Ihnen folgten bald
verſchiedene andere Truppen, unter denen jede
von dem jedesmaligen Zuſtande und der Richtung
der Poeſie und Schauſpielkunſt ihrer Zeit ein ge-
treues Abbild gaben.

Den beklagenswerthen Zuſtand der deutſchen
Bühne am Ende des 17. und im Anfange des
18. Jahrhunderts hier eingehender zu beſprechen,
halten wir nicht für eine der Aufgaben unſerer
Specialgeſchichte. Es mag nur daran erinnert
ſein, daß das Repertoir in den ſogenannten

Staatsactionen [45]), inhaltslosen, nur auf das
Auge wirken sollenden Stücken, den platten und
gemeinen Hanswurstiaden und endlich in Aus-
stattungsopern bestand. Was die letzteren anlangt, so kommen um das Jahr 1700 in Gottsched's Verzeichniß der deutschen Bühnenstücke
10—20 Opern auf ein Schauspiel. Keine von
allen diesen Schöpfungen der damaligen, zum
Theil hochgefeierten Operncomponisten hat sich
bis heute erhalten, und dieser Umstand läßt wohl
am besten auf den Werth derselben schließen.
Durch glänzende Decorationen, brillante Kostüme,
kurz, durch die Ausstattung, nicht durch Musik
und Dichtung suchte man zu wirken. Der geöffnete Himmel mit Regenbogen und Wolkenglanz,
die geöffnete Hölle mit Feuerwerken, Schlachten
mit Kanonendonner, Gewitter mit Blitz und
Regen, Ballet und Tänze, Verwandlungen und
dgl. waren die nothwendigsten Requisiten. In
der Oper „Mustapha“ von Postel erschienen
deutsche, tartarische, polnische, türkische Armeen
in Kostüm, und in den zwei Acten derselben
wurde die Decoration nicht weniger als 50mal
verändert. In einer Oper „Semiramis“ kamen

---

[45]) Zu diesen Staatsactionen gehörte wahrscheinlich auch das hier 1702 gegebene Stück, welches den
Sieg Karl XII. bei Narwa verherrlicht.

wandelnde Rosensträuche vor, die in liebliche
Tänzerinnen, und alte Damen, die in feuerspeien-
de Lanzen verwandelt wurden. In Breffand's
„Jason" erhob sich das Schiff Argo an den
Himmel, sang während der Auffahrt eine
Weissagung und wurde oben in ein Gestirn ver-
wandelt. Medea's Zaubergemach, ihre Geister,
Gespenster und Phantome und deren Tänze und
Luftflüge, wahrsagende Zigeuner, tanzende
Polichinelle und Harlekine, Zaubermahle, das
brennende Schloß von Corinth, Medea auf einem
Drachen, Götter- und Geisterkämpfe in der Luft
um das Vließ, ein Palast der Pallas in den
Wolken, durch die man den Thierkreis sieht, in
dem das Zeichen des Widders noch unbesetzt ist
und durch das Vließ besetzt wird — dies Alles
war in diesem einen Stücke zusammengehäuft.
Dagegen muß sich allerdings, wie Gervinus[46])
bemerkt, der „Freischütz" verkriechen und nur das
„Musikdrama der Zukunft" vermöchte einen Vergleich auszuhalten. In Bezug auf das scenische
Arrangement ist das letztere nichts Neues mehr.
Das der Zukunft Bestimmte ähnelt dem der
fernen Vergangenheit Gewährten. Auch damals
schon erkärte man alle Künste: Musik, Poesie,

46) Gervinus, Geschichte der poetischen National-
Literatur. III. Band.

Malerei und Architektur als „essentielles Wesen
der Opern". Wo bleibt denn da die Originalität
unserer musikalisch-dramatischen Zukunft? Könnte
auch hier Ben Akiba nicht wieder mit Recht
ausrufen: „Alles schon einmal dagewesen!"?

So also stand es in jener Zeit mit dem Repertoir der deutschen Bühne. In der Oper wie im
Schauspiel suchte man durch Aeußerlichkeiten und
Unnatürlichkeiten Erfolge zu erringen und man
errang sie, während man dagegen in der Komödie
mit Beifall die gemeinste Natürlichkeit auf die
Bühne brachte. Dem Repertoir der Bühne ent-
sprachen die Künstler derselben, sie waren unna-
türlich gespreizt, „übertragirten das Tragische",
um mit Schlegel zu reden, oder waren so natürlich, daß sie aufhörten Künstler zu sein.

Rostock lernte diesen Verfall der deutschen
Bühne vor Allem durch die Leistungen des im
Anfange der Zwanzigerjahre des 19. Jahrhun-
derts hier anwesenden Directors Haßcarl kennen.
Haßcarl's Bühne ist eine, aber nur eine von den
deutschen Bühnen des vorigen Jahrhunderts, auf
welchen der Hanswurst, jene plumpe und derbe
Figur, die Alleinherrschaft übt.

Dieser entsetzlichen dramatischen Kunsttreiberei
in Deutschland Schranken gesetzt und bessere
Zeiten für die deutsche dramatische Kunst vorbe-

8

reitet zu haben, bleibt ein unantastbares Verdienst
des in anderer Beziehung nicht mit Unrecht ge-
tadelten und nicht ohne Grund verspotteten Leipziger Professors Johann Christoph Gottsched,
welcher die bekannte Theaterdirectrice Friederike
Karoline Neuber (geborene Weissenborn) als Bun-
desgenossin zu gewinnen vermochte. Die letztere,
Tochter eines Zwickauer Juristen, hatte eine gute
Erziehung genossen, besaß eminentes Talent für
die Tragödie, glühende Liebe zu ihrer Kunst, und
als Directorin zeigte sie fast männliche Einsicht,
rastlose Thätigkeit, Gegenwart des Geistes, Strenge
gegen ihre Schauspieler, Liebe zur Ordnung und
das unermüdliche Streben, bestmöglichst für die
Unterhaltung und Fesselung der Zuschauer zu
sorgen. Demnach war es wohl eine glückliche
Wahl zu nennen, wenn sich Gottsched die Neuberin zu seiner Alliirten auserkor. Worin bestanden nun die Reformen des Leipziger Geschmacks-
dictators? Mit der Begeisterung und Wuth des
Kämpfers „für eine Idee" wandte Gottsched seine
Waffen gegen die Opern, gegen die Staatsactionen und gegen die Hanswurstiaden, und
während er sich hinsichtlich der beiden ersteren
mit der gänzlichen Verbannung derselben begnügte,
schwur er dem Taufpathen und Helden der letzteren vollständige Vernichtung. Der deutsche Hans-

wurst wurde zum Feuertode verurtheilt, und dieses Urtheil im Jahre 1737 durch die Neuberin
auf ihrer, von Gottsched zum Richtplatze auserse-
henen Bühne vollstreckt. Wäre es nun gelungen,
der deutschen Bühne als Ersatz für die so ver-
scheuchten resp. (— vermeintlich —) gänzlich getöd-
teten Bewohner eine neue und gesundere, lebens-
kräftigere Bevölkerung zuzuführen, so wäre dieser
Kampf für die Idee der Wiedergeburt des deutschen
Theaters sicherlich ein sieggekrönter gewesen.
Hier aber zeigte es sich wieder, wie unendlich viel
leichter meistens das Zerstören im Verhältniß zum
Wiederaufbauen ist. Den Muth und die Macht,
das Morsche und Wankende völlig in Trümmer
zu schlagen, besaß Gottsched, an der Zauberkraft
aber, nun auf den Ruinen ein neues Leben auf-
erblühen zu lassen, gebrach es ihm. Sollten sich
die Gottsched'schen Ideen verwirklichen, sollte sein
Streben Erfolg haben, so galt es jetzt vor Allem,
nicht allein ein neues, sondern auch ein besse-
res Repertoir für die deutsche Bühne zu schaffen.
Der von Gottsched vertriebene Hanswurst war
freilich nur ein ganz gemeiner Hanswurst, aber
er war doch immer eine volksthümliche Figur,
die der Veredelung ebenso sehr fähig wie allerdings
bedürftig war. Gottsched und seine Schule gingen nun zwar mit großem Fleiße an die Herstel-

lung eines neuen Bühnenrepertoirs, und quantitativ haben sie sehr viel, qualitativ aber leider sehr wenig geleistet. Es fehlte ihnen eben an dichterischem Talent. Was sie an die Stelle des Verjagten und Zertrümmerten setzten, war matter und werthloser als jenes und konnte keine festen Wurzeln schlagen. Die bisherige wilde, beziehungsweise aber immer doch das Publikum anziehende Unregelmäßigkeit der deutschen Dramatik wurde abgelöst durch eine strenge, aber langweilige Regelmäßigkeit. Hätte sich diese Liebe für die Gesetzmäßigkeit mit echtem dichterischen Talente verbunden, die Krönung des Gebäudes wäre gelungen und das so reformirte deutsche Theater hätte unzweifelhaft die Besten der Nation auf seiner Seite gehabt. Immerhin aber war ein Schritt zur Besserung gethan, der Anstoß zu segenbringenden Neuerungen gegeben, eine neue schönere Zeit vorbereitet worden. Gottsched hatte sich schon ein großes Verdienst erworben dadurch, daß er dem deutschen Theater nur einmal wieder zu der fast ganz verlorenen Haltung verhalf; mochte diese zunächst auch noch so steif und hölzern sein, und daß er nur wieder auf Regeln wies, die aus einer verfeinerten Kunst abstrahirt waren, wenn er auch den Irrthum beging, zu meinen, alle Poesie fließe aus diesen Regeln.

Aus der Mangelhaftigkeit des von Gottsched nebst Anhang geschaffenen Bühnenrepertoirs und weiter aus der nicht unverschuldeten persönlichen Unbeliebtheit des Leipziger Bühnenreformators, seiner verkehrten und daher mit Recht zu bekämpfenden Richtung auf anderen Gebieten der Kunst erklärt sich aber anderntheils der verhältnißmäßig immer nur schwache Anklang, den seine Reformen, so gut sie gemeint sein mochten, beim deutschen Publikum fanden. Sie gingen von Gottsched, „dem pedantischen, arroganten Geschmacks-Dictator" aus, das genügte, um Abneigung und Anfeindung gegen dieselben hervorzurufen.

Unter Berücksichtigung dieser Umstände begreifen wir es denn auch wohl, daß z. B. später die Neuberin von Gottsched wieder abfallen und sogar ihren früheren Bundesgenossen von der Bühne herab verspotten lassen konnte. Es kam noch hinzu, daß die Neuber'sche und andere Bühnen, welche sich vielleicht Gottsched's Ansichten angeschlossen hatten resp. hätten, ganz auf den Erwerb im Umherziehen angewiesen waren und sich demnach dem Geschmacke des jedesmaligen Publikums accommodiren mußten. Die nöthige pecuniäre Unterstützung konnte auch Gottsched nicht der reformirten Bühne gewähren, und, bevor man

das Publikum für das neue Theater herangezogen
hatte, bedurfte es großer Geldopfer. Und wer
konnte diese bringen oder wer wollte sich „für
eine Chimaire des Leipziger Professors" zu solchen
entschließen?

Was der Neuberin nicht gewährt war, wurde
einem ihrer Schüler und gleichzeitigem Freunde
der Gottsched'schen Reformen im Lande der „mo-
dernen Boeotier" zu Theil. Wie seiner Zeit ausführlich mitgetheilt ist, wußte sich der Director
Schönemann, welcher mit dem Jahre 1740 seine
Thätigkeit in Mecklenburg begann, die Gunst des
kunstsinnigen Herzogs Christian Ludwig in so
hohem Maße zu erwerben, daß die Mitglieder
seiner Gesellschaft 1751 von dem letzteren zu
„Hofcomödianten" ernannt wurden und seinem
Unternehmen eine bedeutende pecuniäre Unterstützung alljährlich gewährt wurde. So in den
Besitz einer dauernden Unterstützung gelangt,
konnte Schönemann an die Besserung und Ver-
edlung der Bühne gehen und ein deutsches
Mustertheater in Mecklenburg schaffen.
Zeitgenössische Schriftsteller loben einstimmig das
erfreuliche Streben Schönemann's, die vortrefflichen Leistungen und besonders noch die seltene
Gesittung seiner Gesellschaft. Mit Recht spenden
sie auch dem Herzoge Christian Ludwig, „dem

Beschützer aller schönen Künste in Mecklenburg", Lob und Dank für die Protection, die er dem Schönemann'schen Kunstinstitute habe angedeihen lassen. Spätere Theaterhistoriker theilen diese Verehrung. So sagt z. B. J. F. Schütze in seiner „Hamburgischen Theatergeschichte" (1794): „Es gab nur wenige Fürsten, welche, wie die in Deutschlands Theatergeschichte unsterblichen Herzoge von Holstein und Mecklenburg, dem gereinigten, geregelten deutschen Schauspiel einer Neuberin und Schönemann's Schutz verliehen". Christian Ludwig betrachtete mit einem Worte das Theater nicht nur als eine Vergnügungsanstalt, sondern in Wahrheit als ein Kunstinstitut. Christian Ludwig gab sich den Künsten nicht hin als ein „curioser Liebhaber" oder um mit seiner Pflege derselben zu prahlen und zu prunken, nein, er lebte mit der Kunst und für die Kunst. Seine Umgebung lernte bald seine Anschauungen und Empfindungen theilen, ja, sie wurde im wahrsten Sinne des Wortes für die Bühne thätig. So übersetzte die Gemahlin des damaligen Erbprinzen, nachmaligen Herzogs Friedrich, Friederike Louise, das Nachspiel von Boissy: „Der Liebhaber seiner Frau", und die Prinzessin Ulrike Sophie das Lustspiel: „Der Undankbare", von dem französischen Lustspieldichter Philippe Néri,

cault Destouches (1680—1754), für das Schönemann'sche Theater. [47]) Ueber den veredelnden
Einfluß, welchen diese dramatischen Darstellungen
auf den Hof ausübten, äußert sich der uns schon
bekannte, zum Hofe sowohl wie zu Schönemann
in inniger Beziehung stehende Löwen folgendermaßen: „Die Hofleute selbst fingen an, die alte
wendische Barbarey zu vergessen und an dem
Liebenswürdigen der schönen Wissenschaften und
Künste Geschmack zu finden." Aber auch über die
Grenzen hinaus erstreckte sich die wohlthuende
Wirkung dieses vom Throne herab begünstigten
Kunstunternehmens. Löwen bezeichnet im Jahre
1763 den in verschiedenen großen deutschen
Städten damals herrschenden guten Geschmack
als „ein Ueberbleibsel dieser gesitteten Gesellschaft
von Schauspielern". [48])

Hier also, in dem nach Ansicht manches Nicht-
mecklenburgers noch heute in Sachen der Kunst
ziemlich urwäldlichen Ostseelande fand die zu einer

---

[47]) Vgl. „Mecklenburgisches Journal" vom Januar
1806 pag. 57.

[48]) Wir finden diese wie die vorhergehende Bemerkung Löwen's in dessen Vorrede zu J. E. Krü-
ger's poet. und theatr. Schriften. Leipzig 1763.
Vgl. hierzu Mecklenb. Journal vom Januar 1806
pag. 57.

neuen Blüthe sich entfalten wollende dramatische Kunst nicht nur ein Asyl, sondern eine wahrhafte Pflegstätte. Daß dem so war, daß bei uns die zu neuen Bahnen ihre Schritte lenkende dramatische Kunst warme Freunde, opferbereite Förderer fand, gereicht unserm Fürsten und unserer Nation zu Ruhm und Ehre. Und erinnern wir uns noch einmal an die Nothwendigkeit der von Gottscheb, der Neuberin und Schönemann angestrebten Bühnenreformen und andererseits an die Hindernisse, welche der Durchführung derselben in Deutschland entgegenstanden, so können wir auch wohl ohne Ueberhebung behaupten, daß sich Mecklenburg durch die Förderung des Schönemann'schen Unternehmens um die Bildung des deutschen Kunstgeschmackes ein hohes Verdienst erworben, welches allseitige Anerkennung beanspruchen darf.

In wie weit Rostock an den Leistungen dieses deutschen Mustertheaters Theil genommen, ist bereits in unserer Specialgeschichte dargelegt worden. Ebendaselbst ist auch über den bedauernswerthen Untergang des Schönemann'schen Unternehmens berichtet. Gleich der Neuberin starb Schönemann in Kummer und Sorgen. Nach Christian Ludwig hörte, wie wir wissen, nicht nur die fürstliche Begünstigung der Kunst in Mecklenburg auf, man

begann sogar dieselbe von Oben herab anzufein-
den. Rostock allein öffnet noch den dramatischen
Künstlern seine Thore, aber was diese letzteren
leisteten, stand, zum großen Theile wenigstens,
tief unter dem von Schönemann Gebotenen.
Ein Ilgener und Erdmann stellen sogar die
Vor-Gottsched'schen Bühnenzustände wieder her
und verrichten an der dramatischen Kunst Hen-
ers- und Marterknechtdienste. In der energischen,
kritischen Opposition aber, welche, wie uns bekannt,
gegen diese und andere derartige Unternehmen
von Rostock aus erfolgte, dürfen wir wohl mit
Recht einen Beweis dafür erblicken, daß der früher
gepflanzte bessere Kunstgeschmack hier in Rostock
feste Wurzeln geschlagen hatte und durch zeitwei-
lig wieder aufschießendes Unkraut nicht erstickt
werden konnte.

Der Geistersturm, welcher in den letzten Jahr-
zehnten des verflossenen Jahrhunderts über
Deutschland hereinbrach, warf zunächst Alles ihm
entgegenstehende Abgelebte und Morsche nieder,
dann aber, sich in einen milden Frühlingshauch
umwandelnd, ließ er auf allen Gebieten der Kunst
neue, herrlichere Blüthen sich entwickeln und entfalten. Auch für die deutsche Bühne kam ein
neuer Lenz, und an den Gaben, die er brachte, beginnt auch Rostock Theil zu nehmen.

Wir schließen diesen Abschnitt mit einigen Bemerkungen über die Lokale, in welchen bis Ende
des 18. Jahrhunderts in Rostock die dramatischen
Aufführungen stattfanden. Die vielen Rostockern,
wenigstens noch als Durchgang bekannte, auf dem
heutigen „Johannisplatze" gelegene Johanniskirche,
welche neben dem Neuen Markte und dem Hopfenmarkte die ersten Schauspielaufführungen sah,
ist im Jahre 1837 „Baufälligkeit halber" säculari-
sirt und abgebrochen worden. Ueber das bis zum
Bau des Schauspielhauses sehr häufig als
Theaterlokal benutzte Ballhaus haben wir früher
bereits eingehend berichtet. Das fürstliche Theater
im Palais nahm nach Wundemann („Mecklenburg,
in Hinsicht auf Kultur, Kunst und Geschmack",
Bd. I.)⁴⁹) das ganze Erdgeschoß des an das Palais
stoßenden „Pavillons" (— des sogenannten „Prin-
zenpalais" also—) ein. Das Erdgeschoß scheint sonach
aus einem großen, zu theatralischen Zwecken ein-

---

⁴) Joh. Christ. Friedr. Wundemann, Prediger
zu Wahlkendorf, ein geborener Rostocker, dem wir
in unserer Theatergeschichte noch einmal begegnen
werden, giebt in dem 1800 im Verlage der Bödner-
schen Buchhandlung in Schwerin und Wismar erschienenen ersten Theile seines „Mecklenburg, in Hin-
ficht auf Kultur, Kunst und Geschmack" eine ausführliche, höchst interessante Beschreibung von Rostock.
Der zweite Theil dieses Werkes erschien 1803.

gerichteten Saale bestanden zu haben, der durch
künstliches Licht erhellt wurde, indem nach Wundemann's Bericht die zu Fenster bestimmten
Oeffnungen in der Mauer mit Brettern vernagelt
waren. 1800, in welchem Jahre Wundemann's
Buch erschien, war dieser Saal nicht mehr vorhanden, sondern bereits in verschiedene Zimmer
zertheilt worden.

Auch über das Schauspielhaus finden sich bei
Wundemann noch einige Mittheilungen, welche
wir hier wiedergeben wollen. Wundemann rech-
net dasselbe in Hinsicht auf Architektur zu den
merkwürdigsten Gebäuden der Stadt. Es ist
nach seiner Ansicht ein schönes, in reinem, ein-
fachem Style aufgeführtes Bauwerk. Das Gebäude ist ganz massiv und mit grauer Tünche
bekleidet. Das Aeußere des Hauses macht einen
sehr guten Effect. Weniger zufrieden ist Wundemann mit dem Innern desselben. Er sagt
darüber: „Das Innere würde durch die Höhe
und Weite desselben einer gleichen Wirkung
(— wie das Aeußere —) nicht verfehlt haben,
wenn man nicht der Absicht, dem Durchlauchtig-
sten Regierhause ein Compliment zu machen, zu
vielen Spielraum gegeben hätte. Hinter der herzoglichen Loge, die dem Theater gerade gegenüber
ist, ist nämlich ein geräumiger Saal angebracht,

um dort während der Zwischenakte abzutreten und
Erfrischungen zu nehmen. Dadurch sind die
Logen auf dieser Seite ungebührlich vorgerückt
und das halbe Oval, in welchem sich dieselben
umherziehen, ist so sehr verlegt, daß die Ansicht
des Raumes zwischen dem Theater und den Logen
enge und gedrückt erscheint. Die hintern Logen
bedecken auch mehr als die Hälfte des Parterres.
Letzteres hebt sich nothwendig allmählig nach hinten, und so ruht dort beinahe der Boden des
Saals auf den Köpfen der Zuschauer. Bei vol-
lem Hause macht dies nicht bloß große Unbequem-
lichkeit, sondern bringt auch durch die dadurch
veranlaßte erstickende Hitze, welcher selbst die da-
neben angebrachten Luftzüge nicht abzuhelfen vermögen, die größten Nachtheile für die Gesundheit
zuwege. In dieser Hinsicht entspricht die beab-
sichtigte Höflichkeit gewiß nicht dem menschen-
freundlichen Charakter, den wir an unserem Fürsten verehren. Die Verzierung des Innern ist
übrigens nicht ohne Geschmack, nur, wie es mir
scheint, in der Mahlerey etwas zu bunt. Die
Logen sind sehr geräumig und hoch, und die Bo-
gen, welche ihre Decke bekleiden, sind mit Festons
geziert. Die herzogliche Loge ist noch besonders
durch carmoisinrothe Vorhänge ausgezeichnet.
Ueber den Logen läuft die Gallerie umher. Der

Boden des Parterres ist auch so eingerichtet, daß
er erhöhet werden, und also der Platz zu Mas-
keraden und Bällen gebraucht werden kann." —
Erbauet wurde das Schauspielhaus nach den An-
gaben des hiesigen Professors der Mathematik
Schatzelock, welchem auch der Altar in der Jacobi-
kirche seine Entstehung verdankt.